LE CONTE D'HIVER

TRAGÉDIE

DE

WILLIAM SHAKESPEARE

traduction par François Pierre Guillaume Guizot

NOTICE SUR LE CONTE D'HIVER

Cette pièce embrasse un intervalle de seize années; une princesse y naît au second acte et se marie au cinquième. C'est la plus grande infraction à la loi d'unité de temps dont Shakspeare se soit rendu coupable; aussi n'ignorant pas les règles comme on a voulu quelquefois le dire, et prévoyant en quelque sorte les clameurs des critiques, il a pris la peine au commencement du quatrième acte, d'évoquer le Temps lui-même qui vient faire en personne l'apologie du poëte; mais les critiques auraient voulu sans doute que ce personnage allégorique eût aussi demandé leur indulgence pour deux autres licences; la première est d'avoir violé la chronologie jusqu'à faire de Jules Romain le contemporain de l'oracle de Delphes; la seconde d'avoir fait de la Bohême un royaume maritime. Ces fautes impardonnables ont tellement offensé ceux qui voudraient réconcilier Aristote avec Shakspeare, qu'ils ont répudié le *Conte d'hiver* dans l'héritage du poëte; et qu'aveuglés par leurs préventions, ils n'ont pas osé reconnaître que cette pièce si défectueuse étincelle de beautés dont Shakspeare seul est capable. C'est encore dans une nouvelle romanesque, *Dorastus et Faunia*, attribuée à Robert Greene, qu'il faut chercher l'idée première du *Conte d'hiver*; à moins que, comme quelques critiques, on ne préfère croire la nouvelle postérieure à la pièce, ce qui est moins probable. Nous allons faire connaître l'histoire de Dorastus et Faunia par un abrégé des principales circonstances.

Longtemps avant l'établissement du christianisme, régnait en Bohême un roi nommé Pandosto qui vivait heureux avec Bellaria son épouse. Il en eut un fils nommé Garrinter. Égisthus, roi de Sicile, son ami, vint le féliciter sur la naissance du jeune prince. Pendant le séjour qu'il fit à la cour de Bohême son intimité avec Bellaria excita une telle jalousie dans le coeur de Pandosto, qu'il chargea son échanson Franio de l'empoisonner. Franio eut horreur de cette commission, révéla tout à Égisthus, favorisa son évasion et l'accompagna en Sicile. Pandosto furieux tourna toute sa vengeance contre la reine, l'accusa publiquement d'adultère, la fit garder à vue pendant sa grossesse, et, dès qu'elle fut accouchée, il envoya chercher l'enfant dans la prison, le fit mettre dans un berceau et l'exposa à la mer pendant une tempête.

Le procès de Bellaria fut ensuite instruit juridiquement. Elle persista à protester de son innocence, et le roi voulant que son témoignage fût reçu pour toute preuve, Bellaria demanda celui de l'oracle de Delphes. Six courtisans furent envoyés en ambassade à la Pythonisse qui confirma l'innocence de la reine et déclara de plus que Pandosto mourrait sans héritier si l'enfant exposé ne se retrouvait pas. En effet, pendant que le roi confondu se livre à ses regrets, on vient lui annoncer la mort de son fils Garrinter, et Bellaria, accablée de sa douleur, meurt elle-même subitement.

Pandosto au désespoir se serait tué lui-même si on n'eût retenu son bras. Peu à peu ce désespoir dégénéra en mélancolie et en langueur; le monarque allait tous les jours arroser de ses larmes le tombeau de Bellaria.

La nacelle sur laquelle l'enfant avait été exposé flotta pendant deux jours au gré des vagues, et aborda sur la côte de Sicile. Un berger occupé à chercher en ce lieu une brebis qu'il avait perdue, aperçut la nacelle et y trouva l'enfant enveloppé d'un drap écarlate brodé d'or, ayant au cou une chaîne enrichie de pierres précieuses, et à côté de lui une bourse pleine d'argent. Il l'emporta dans sa chaumière et l'éleva dans la simplicité des moeurs pastorales; mais Faunia, c'est le nom que donna le berger à la jeune fille, était si belle que l'on parla bientôt d'elle à la cour; Dorastus, fils du roi de Sicile, fut curieux de la voir, en devint amoureux, et sacrifiant les espérances de son avenir et la main d'une princesse de Danemark à la bergère qu'il aimait, s'enfuit secrètement avec elle. Le confident du prince était un nommé Capino qui allait tout préparer pour favoriser la fuite des deux amants, lorsqu'il rencontra Porrus le père supposé de Faunia. Malgré le déguisement dont Dorastus s'était servi pour faire la cour à sa fille adoptive, Porrus avait enfin reconnu le prince, et, craignant le ressentiment du roi, venait lui révéler qu'il n'était que le père nourricier de Faunia, en lui portant les bijoux trouvés dans la nacelle.

Capino lui offre sa médiation, et sous divers prétextes il l'entraîne au vaisseau où étaient déjà les fugitifs. Porrus est forcé de les suivre. La navigation ne fut pas heureuse, et le navire échoua sur les côtes de Bohême. On voit que Shakspeare ne s'est pas inquiété d'être plus savant géographe que le romancier.

Redoutant la cruauté de Pandosto, le prince résolut d'attendre incognito sous le nom de Méléagre, l'occasion de se réfugier dans une contrée plus hospitalière; mais la beauté de Faunia fit encore du bruit: le roi de Bohême voulut la voir, et, oubliant sa douleur, conçut le projet de s'en faire aimer; il mit Dorastus en prison de peur qu'il ne fût un obstacle à ce désir, et fit les propositions les plus flatteuses à Faunia qui les rejeta constamment avec dédain.

Cependant le roi de Sicile était parvenu à découvrir les traces de son fils. Il envoie ses ambassadeurs en Bohême pour y réclamer Dorastus, et prier le roi de mettre à mort Capino, Porrus et sa fille Faunia.

Pandosto se hâte de tirer Dorastus de prison, lui demande pardon du traitement qu'il lui a fait essuyer, le fait asseoir sur son trône, et lui explique le message de son père.

Porrus, Faunia et Capino sont mandés; on leur lit leur sentence de mort. Mais Porrus raconte tout ce qu'il sait de Faunia, et montre les bijoux qu'il a trouvés auprès d'elle. Le roi reconnaît sa fille, récompense Capino, et fait Porrus chevalier.

Il ne faut pas chercher dans ce conte le retour d'Hermione, la touchante résignation de cette reine, et le contraste du zèle ardent et courageux de Pauline; les scènes de jalousie et de tendresse conjugale, et surtout celles où Florizel et Perdita se disent leur amour avec tant d'innocence, et où Shakspeare a fait preuve d'une imagination qui a toute la fraîcheur et la grâce de la nature au printemps. Il ne faut pas y chercher les caractères encore intéressants, quoique subalternes, d'Antigone, de Camillo, du vieux berger et de son fils, si fier d'être fait gentilhomme qu'il ne croit plus que les mots qu'il employait jadis soient dignes de lui: «Ne pas le jurer, à présent que je suis gentilhomme! Que les paysans le *disent* eux, moi je le jurerai.»

Mais le rôle le plus plaisant de la pièce, c'est celui de ce fripon Autolycus, si original que l'on pardonne à Shakspeare d'avoir oublié de faire la part de la morale, en ne le punissant pas lors du dénoument.

Walpole prétend que le *Conte d'hiver* peut être rangé parmi les drames historiques de Shakspeare, qui aurait eu visiblement l'intention de flatter la reine Élisabeth par une apologie indirecte. Selon lui, l'art de Shakspeare ne se montre nulle part avec plus d'adresse; le sujet était trop délicat pour être mis sur la scène sans voile; il était trop récent, et touchait la reine de trop près pour que le poëte pût hasarder des allusions autrement que dans la forme d'un compliment. La déraisonnable jalousie de Léontes, et sa violence, retracent le caractère d'Henri VIII, qui, en général, fit servir la loi d'instrument à ses passions impétueuses. Non-seulement le plan général de la pièce, mais plusieurs passages sont tellement marqués de cette intention, qu'ils sont plus près de l'histoire que de la fiction. Hermione accusée dit:

.... For honour,
'Tis a derivative from me to mine.
And it only that I stand for.

«Quant à l'honneur, il doit passer de moi à mes enfants, et c'est lui seul que je veux défendre.»

Ces mots semblent pris de la lettre d'Anne Boleyn au roi avant son exécution. Mamilius, le jeune prince, personnage inutile, qui meurt dans l'enfance, ne fait que confirmer l'opinion, la reine Anne ayant mis au monde un enfant mort avant Élisabeth. Mais le passage le plus frappant en ce qu'il n'aurait aucun rapport à la tragédie, si elle n'était destinée à peindre Élisabeth, c'est celui où Pauline décrivant les traits de la princesse qu'Hermione vient de mettre au monde, dit en parlant de sa ressemblance avec son père:

She has the very trick of his frown.

«Elle a jusqu'au froncement de son sourcil.»

Il y a une objection qui embarrasse Walpole, c'est une phrase si directement applicable à Élisabeth et à son père, qu'il n'est guère possible qu'un poëte ait osé la risquer. Pauline dit encore au roi:

'Tis yours
And might we lay the old proverb to your charge
So like you 'tis worse.

«C'est votre enfant, et il vous ressemble tant que nous pourrions vous appliquer en reproche le vieux proverbe, *il vous ressemble tant que c'est tant pis.*»

Walpole prétend que cette phrase n'aurait été insérée qu'après la mort d'Élisabeth.

On a plusieurs fois voulu soumettre à un plan plus régulier la pièce du *Conte d'hiver,* nous ne citerons que l'essai de Garrick, qui n'en conserva que la partie tragique, et la réduisit en trois actes.

Selon Malone, Shakspeare aurait composé cette pièce en 1604.

PERSONNAGES

LÉONTES, roi de Sicile.

MAMILIUS, son fils.

CAMILLO,   )

ANTIGONE,   )

CLÉOMÈNE,   ) seigneurs de Sicile.

DION,   )

UN AUTRE SEIGNEUR de Sicile.

ROGER, gentilhomme sicilien.

UN GENTILHOMME attaché au prince Mamilius.

POLIXÈNE, roi de Bohême.

FLORIZEL, son fils.

ARCHIDAMUS, seigneur de Bohême.

OFFICIERS de la cour de justice.

UN VIEUX BERGER, père supposé de Perdita.

SON FILS.

UN MARINIER.

UN GEÔLIER.

UN VALET du vieux berger.

AUTOLYCUS, filou.

LE TEMPS, personnage faisant l'office de choeur.

HERMIONE, femme de Léontes.

PERDITA, fille de Léontes et d'Hermione.

PAULINE, femme d'Antigone.

ÉMILIE,   ) suivantes

DEUX AUTRES DAMES,) de la reine.

MOPSA,   )

DORCAS,) jeunes bergères.

SATYRES DANSANT, BERGERS ET BERGÈRES,

GARDES, SEIGNEURS, DAMES ET

SUITE, ETC.

La scène est tantôt en Sicile, tantôt en Bohême.

ACTE PREMIER

SCÈNE I

La Sicile. Antichambre dans le palais de Léontes.

CAMILLO, ARCHIDAMUS.

ARCHIDAMUS.—S'il vous arrive, Camillo, de visiter un jour la Bohême, dans quelque occasion semblable à celle qui a réclamé maintenant mes services, vous trouverez, comme je vous l'ai dit, une grande différence entre notre Bohême et votre Sicile.

CAMILLO.—Je crois que, l'été prochain, le roi de Sicile se propose de rendre à votre roi la visite qu'il lui doit à si juste titre.

ARCHIDAMUS.—Si l'accueil que vous recevrez est au-dessous de celui que nous avons reçu, notre amitié nous justifiera; car en vérité...

CAMILLO.—Je vous en prie...

ARCHIDAMUS.—Vraiment, et je parle avec connaissance et franchise, nous ne pouvons mettre la même magnificence... et une si rare... Je ne sais comment dire. Allons, nous vous donnerons des boissons assoupissantes, afin que vos sens incapables de sentir notre insuffisance ne puissent du moins nous accuser, s'ils ne peuvent nous accorder des éloges.

CAMILLO.—Vous payez beaucoup trop cher ce qui vous est donné gratuitement.

ARCHIDAMUS.—Croyez-moi, je parle d'après mes propres connaissances, et d'après ce que l'honnêteté m'inspire.

CAMILLO.—La Sicile ne peut se montrer trop amie de la Bohême.

Leurs rois ont été élevés ensemble dans leur enfance; et l'amitié jeta dès lors entre eux de si profondes racines, qu'elle ne peut que s'étendre à présent. Depuis que l'âge les a mûris pour le trône, et que les devoirs de la royauté ont séparé leur société, leurs rapprochements, sinon personnels, ont été royalement continués par un échange mutuel de présents, de lettres et d'ambassades amicales; en sorte qu'absents, ils paraissaient être encore ensemble; ils se donnaient la main comme au-dessus d'une vaste mer, et ils s'embrassaient, pour ainsi dire, des deux bouts opposés du monde. Que le ciel entretienne leur affection!

ARCHIDAMUS.—Je crois qu'il n'est point dans le monde de malice ou d'affaire qui puissent l'altérer. Vous avez une consolation indicible dans le jeune prince Mamilius. Je n'ai jamais connu de gentilhomme d'une plus grande espérance.

CAMILLO.—Je conviens avec vous qu'il donne de grandes espérances. C'est un noble enfant; un jeune prince, qui est un vrai baume pour le coeur de ses sujets; il rajeunit les vieux coeurs: ceux qui, avant sa naissance, allaient déjà avec des béquilles, désirent vivre encore pour le voir devenir homme.

ARCHIDAMUS.—Et sans cela ils seraient donc bien aises de mourir?

CAMILLO.—Oui, s'ils n'avaient pas quelque autre motif pour excuser leur désir de vivre.

ARCHIDAMUS.—Si le roi n'avait pas de fils, ils désireraient vivre sur leurs béquilles jusqu'à ce qu'il en eût un.

(Ils sortent.)

SCÈNE II

Une salle d'honneur dans le palais.

LÉONTES, HERMIONE, MAMILIUS, POLIXÈNE, CAMILLO, *et suite*.

POLIXÈNE.—Déjà le berger a vu changer neuf fois l'astre humide des nuits, depuis que nous avons laissé notre trône vide; et j'épuiserais, mon frère, encore autant de temps à vous faire mes remerciements, que je n'en partirais pas moins chargé d'une dette éternelle. Ainsi, comme un chiffre placé toujours dans un bon rang, je multiplie, avec un merci, bien d'autres milliers qui le précèdent.

LÉONTES.—Différez encore quelque temps vos remerciements: vous vous acquitterez en partant.

POLIXÈNE.—Seigneur, c'est demain: je suis tourmenté par les craintes de ce qui peut arriver ou se préparer pendant notre absence. Veuillent les dieux que nuls vents malfaisants ne soufflent sur mes États, et ne me fassent dire: mes inquiétudes n'étaient que trop fondées! et d'ailleurs je suis resté assez longtemps pour fatiguer Votre Majesté.

LÉONTES.—Mon frère, nous sommes trop solide pour que vous puissiez venir à bout de nous.

POLIXÈNE.—Point de plus long séjour.

LÉONTES.—Encore une huitaine.

POLIXÈNE.—Très-décidément, demain.

LÉONTES.—Nous partagerons donc le temps entre nous; et, en cela, je ne veux pas être contredit.

POLIXÈNE.—Ne me pressez pas ainsi, je vous en conjure. Il n'est point de voix persuasive; non, il n'en est point dans le monde, qui pût me gagner aussitôt que la vôtre, et il en serait ainsi aujourd'hui, si ma présence vous était nécessaire, quand le besoin exigerait de ma part un refus. Mes affaires me rappellent chez moi; y mettre obstacle, ce serait me punir de votre affection; et un plus long séjour deviendrait pour vous une charge et un embarras; pour nous épargner ces deux inconvénients, adieu, mon frère.

LÉONTES.—Vous restez muette, ma reine? Parlez donc.

HERMIONE.—Je comptais, seigneur, garder le silence jusqu'à ce que vous l'eussiez amené à protester avec serment qu'il ne resterait pas; vous le suppliez trop froidement, seigneur. Dites-lui que vous êtes sûr que tout va bien en Bohême; le jour d'hier nous a donné ces nouvelles satisfaisantes: dites-lui cela, et il sera forcé dans ses derniers retranchements.

LÉONTES.—Bien dit, Hermione.

HERMIONE.—S'il disait qu'il languit de revoir son fils, ce serait une bonne raison; et s'il dit cela, laissez-le partir; s'il jure qu'il en est ainsi, il ne doit pas rester plus longtemps, nous le chasserons d'ici avec nos quenouilles.—(*A Polixène.*) Cependant je me hasarderai à vous demander de nous prêter encore une semaine de votre royale présence. Quand vous recevrez mon époux en Bohême, je vous recommande de l'y retenir un mois au delà du terme marqué pour son départ: et pourtant en vérité, Léontes, je ne vous aime pas d'une minute de moins, que toute autre femme n'aime son époux.—Vous resterez?

POLIXÈNE.—Non, madame.

HERMIONE.—Oh! mais vous resterez.

POLIXÈNE.—Je ne le puis vraiment pas.

HERMIONE.—Vraiment? Vous me refusez avec des serments faciles; mais quand vous chercheriez à déplacer les astres de leur sphère par des serments, je vous dirais encore: Seigneur, on ne part point. Vraiment vous ne partirez point: le *vraiment* d'une dame a autant de pouvoir que le *vraiment* d'un gentilhomme. Voulez-vous encore partir? forcez-moi de vous retenir comme prisonnier, et non pas comme un hôte; et alors vous payerez votre pension en nous quittant, et serez par là dispensé de tous remerciements; qu'en dites-vous? êtes-vous mon prisonnier, ou mon hôte? Par votre redoutable *vraiment*, il faut vous décider à être l'un ou l'autre.

POLIXÈNE.—Votre hôte, alors, madame! car être votre prisonnier emporterait l'idée d'une offense, qu'il m'est moins aisé à moi de commettre qu'à vous de punir.

HERMIONE.—Ainsi je ne serai point votre geôlier, mais votre bonne hôtesse. Allons, il me prend envie de vous questionner sur les tours de mon seigneur et les vôtres, lorsque vous étiez jeunes. Vous deviez faire alors de jolis petits princes.

POLIXÈNE.—Nous étions, belle reine, deux étourdis, qui croyaient qu'il n'y avait point d'autre avenir devant eux, qu'un lendemain semblable à aujourd'hui, et que notre enfance durerait toujours.

HERMIONE.—Mon seigneur n'était-il pas le plus fou des deux?

POLIXÈNE.—Nous étions comme deux agneaux jumeaux, qui bondissaient ensemble au soleil, et bêlaient l'un après l'autre; notre échange mutuel était de l'innocence pour de l'innocence; nous ne connaissions pas l'art de faire du mal, non: et nous n'imaginions pas qu'aucun homme en fit. Si nous avions continué cette vie, et que nos faibles intelligences n'eussent jamais été exaltées par un sang plus impétueux, nous aurions pu répondre hardiment au ciel, *non coupables*, en mettant à part la tache héréditaire.

HERMIONE.—Vous nous donnez à entendre par là que depuis vous avez fait des faux pas.

POLIXÈNE.—O dame très-sacrée, les tentations sont nées depuis lors: car dans ces jours où nous n'avions pas encore nos plumes, ma femme n'était qu'une petite fille; et votre précieuse personne n'avait pas encore frappé les regards de mon jeune camarade.

HERMIONE.—Que la grâce du ciel me soit en aide! Ne tirez aucune conséquence de tout ceci, de peur que vous ne disiez que votre reine et moi nous sommes de mauvais anges. Et pourtant, poursuivez: nous répondrons des fautes que nous vous avons fait commettre, si vous avez fait votre premier péché avec nous, et que vous avez continué de pécher avec nous, et que vous n'ayiez jamais trébuché qu'avec nous.

LÉONTES, *à Hermione.*—Est-il enfin gagné?

HERMIONE.—Il restera, seigneur.

LÉONTES.—Il n'a pas voulu y consentir, à ma prière. Hermione, ma bien-aimée, jamais vous n'avez parlé plus à propos.

HERMIONE.—Jamais?

LÉONTES.—Jamais, qu'une seule fois.

HERMIONE.—Comment? j'ai parlé deux fois à propos? et quand a été la première, s'il vous plaît? Je vous en prie, dites-le-moi. Rassasiez-moi d'éloges, et engraissez-m'en comme un oiseau domestique; une bonne action qu'on laisse mourir, sans en parler, en tue mille autres qui seraient venues à la suite; les louanges sont notre salaire: vous pouvez avec un seul doux baiser nous faire avancer plus de cent lieues, tandis qu'avec l'aiguillon vous ne nous feriez pas parcourir un seul acre. Mais allons au but. Ma dernière bonne action a été de l'engager à rester: quelle a donc été la première? Celle-ci a une soeur aînée, ou je ne vous comprends pas: ah! fasse le ciel qu'elle se nomme vertu! Mais j'ai déjà parlé une fois à propos: quand? Je vous en prie, dites-le-moi, je languis de le savoir.

LÉONTES.—Eh bien! ce fut quand trois tristes mois expirèrent enfin d'amertume, et que tu ouvris ta main blanche pour frapper dans la mienne en signe d'amour;—tu dis alors: Je suis à vous pour toujours.

HERMIONE.—Allons, c'est vertu.—Ainsi, voyez-vous, j'ai parlé à propos deux fois: la première, afin de conquérir pour toujours mon royal époux; la seconde, afin d'obtenir le séjour d'un ami pour quelque temps.

(Elle présente la main à Polixène.)

LÉONTES, à part.—Trop de chaleur quand on mêle de si près l'amitié, on finit bientôt par mêler les personnes: j'ai en moi un *tremor cordis*: mon coeur bondit; mais ce n'est pas de joie, ce n'est pas de joie.—Cet accueil peut avoir une apparence honnête: il peut puiser sa liberté dans la cordialité, dans la bonté du naturel, dans un coeur affectueux, et être convenable pour qui le montre: il le peut, je l'accorde. Mais de se serrer ainsi les mains, de se serrer les doigts comme ils le font en ce moment, et de se renvoyer des sourires d'intelligence, comme un miroir; et puis de soupirer comme le signal de mort du cerf: oh! c'est là un genre d'accueil qui ne plaît ni à mon coeur, ni à mon front.—Mamilius, es-tu mon enfant?

MAMILIUS.—Oui, mon bon seigneur.

LÉONTES.—Vraiment! c'est mon beau petit coq. Quoi! as-tu noirci ton nez? On dit que c'est une copie du mien. Allons, petit capitaine, il faut être *propre*. Je veux dire*propre*[1] au moins, capitaine, quoique ce mot s'applique également au boeuf, à la génisse et au veau. Quoi, toujours jouant du virginal[2] sur sa main. (*Observant Polixène et Hermione.*) (*A son fils.*) Mon petit veau, es-tu bien mon veau?

Note 1: (retour)

Équivoque sur le mot *neat* qui veut dire *bétail à cornes* et *propre, gentil*.

Note 2: (retour)

Espèce d'épinette. Un livre des leçons de cet instrument ayant appartenu à la reine Élisabeth existe encore.

MAMILIUS.—Oui, si vous le voulez bien, mon seigneur.

LÉONTES.—Il te manque la peau rude et cette crue que je me sens au front pour me ressembler parfaitement.—Et pourtant, nous nous ressemblons comme deux oeufs: ce sont les femmes qui le disent, et elles disent tout ce qu'elles veulent. Mais quand elles seraient fausses, comme les mauvais draps reteints en noir, comme les vents, comme les eaux; fausses comme les dés que désire un homme qui ne connaît point de limite entre le tien et le mien; cependant il serait toujours vrai de dire que cet enfant me ressemble. Allons, monsieur le page, regardez-moi avec votre oeil bleu-de-ciel.—Petit fripon, mon enfant chéri, ta mère peut-elle?... se pourrait-il bien?... O imagination! tu poignardes mon coeur, tu rends possibles des choses réputées impossibles, tu as un commerce avec les songes... (Comment cela peut-il être?...) avec ce qui n'a aucune réalité: toi, force coactive, qui t'associes au néant;—il devient croyable que tu peux t'unir à quelque chose de réel, et tu le fais au delà de ce qu'on te commande; j'en fais l'expérience par les idées contagieuses qui empoisonnent mon cerveau et qui endurcissent mon front.

POLIXÈNE.—Qu'a donc le roi de Sicile?

HERMIONE.—Il paraît un peu troublé.

POLIXÈNE, *au roi*.—Qu'avez-vous, seigneur, et comment vous trouvez-vous? Comment allez-vous, mon cher frère?

HERMIONE.—Vous avez l'air d'être agité de quelque pensée: êtes-vous ému, seigneur?

LÉONTES.—Non, en vérité. (*A part.*) Comme la nature trahit quelquefois sa folie et sa tendresse pour être le jouet des coeurs durs!— En considérant les traits de mon fils, il m'a semblé que je reculais de vingt-trois années; et je me voyais en robe, dans mon fourreau de velours vert; mon épée emmuselée: de crainte qu'elle ne mordît son maître et ne lui devînt funeste, comme il arrive souvent à ce qui sert d'ornement. Combien je devais ressembler alors, à ce que j'imagine, à ce pépin, à cette gousse de pois verts, à ce petit gentilhomme!—Mon bon monsieur, voulez-vous échanger votre argent contre des oeufs[3]?

MAMILIUS.—Non, seigneur, je me battrais.

LÉONTES.—Oui-da! Que ton lot[4] dans la vie soit d'être heureux!—Mon frère, êtes-vous aussi fou de votre jeune prince que nous vous semblons l'être du nôtre?

Note 3: (retour)

Expression proverbiale usitée quand un homme se voit outragé et ne fait aucune résistance, nous avons en Français le proverbe: «A qui vendez-vous vos coquilles?»

Note 4: (retour)

Dole signifiait la portion d'aumônes distribuée aux pauvres dans les familles riches. *Happy man be his dole*, était une expression proverbiale.

POLIXÈNE.—Quand je suis chez moi, seigneur, il fait tout mon exercice, tout mon amusement, toute mon occupation. Tantôt il est mon ami dévoué et tantôt mon ennemi, mon flatteur, mon guerrier, mon homme d'État, tout enfin: il me rend un jour de juillet aussi court qu'un jour de décembre; et par la variété de son humeur enfantine, il me guérit d'idées qui m'épaissiraient le sang.

LÉONTES.—Ce petit écuyer a le même office près de moi: nous allons nous promener nous deux; et nous vous laissons, seigneur, à vos affaires plus sérieuses.—Hermione, montrez combien vous nous aimez dans l'accueil que vous ferez à votre frère: que tout ce qu'il y a de plus cher en Sicile soit regardé comme de peu de valeur; après vous et mon jeune promeneur, c'est lui qui a le plus de droits sur mon coeur.

HERMIONE.—Si vous nous cherchiez, nous serons à vous dans le jardin; vous y attendrons-nous?

LÉONTES.—Suivez à votre gré vos penchants: on vous trouvera, pourvu que vous soyez sous le ciel. (*A part, observant Hermione.*)—Je pêche en ce moment, quoique tu n'aperçoives point l'hameçon. Va, poursuis. Comme elle tient son bec tendu vers lui! et comme elle s'arme de toute l'audace d'une femme devant son époux indulgent!(*Polixène, Hermione, sortent avec leur suite.*) Les voilà partis! M'y voilà enfoncé jusqu'aux genoux, me voilà cornard par-dessus les oreilles! (*A Mamilius.*) Va, mon enfant, va jouer.—Ta mère joue aussi, et moi aussi: mais je joue un rôle si fâcheux, qu'il me conduira au tombeau au milieu des sifflets; les mépris et les huées seront ma cloche funèbre. Va, mon enfant, va jouer. Il y a eu, ou je suis bien trompé, des hommes déshonorés avant moi; et à présent, au moment même où je parle, il est plus d'un époux qui tient avec confiance sa femme sous le bras et qui ne songe guère qu'elle a reçu des visites en son absence, et que son vivier a été pêché par le premier venu, par monsieur *Sourire*, son voisin. Enfin, c'est toujours une consolation qu'il y ait d'autres hommes qui aient des grilles, et que ces grilles soient, comme les miennes, ouvertes contre leur volonté. Si tous les hommes qui ont des femmes déloyales s'abandonnaient au désespoir, la dixième partie du genre humain se pendrait. C'est un mal sans remède: c'est quelque planète licencieuse dont l'influence se fait sentir partout où elle domine; et sa puissance, croyez-le, s'étend de l'orient à l'occident, du nord au midi. Conclusion, il n'y a point de barrières pour garder une femme; retiens cela. Elle laisse entrer et sortir l'ennemi avec armes et bagages: des milliers d'hommes comme moi ont cette maladie et ne la sentent pas.—Eh bien! mon enfant?

MAMILIUS.—On dit que je vous ressemble.

LÉONTES.—Oui, c'est une sorte de consolation. (*Il aperçoit Camillo.*) Quoi! Camillo ici?

CAMILLO.—Oui, mon bon seigneur.

LÉONTES, *à Mamilius.*—Va jouer, Mamilius, tu es un brave garçon.— (*Mamilius sort.*) Eh bien! Camillo, ce grand monarque prolonge son séjour.

CAMILLO.—Vous avez bien de la peine à faire tenir son ancre dans votre port; vous aviez beau la jeter, elle revenait toujours à vous.

LÉONTES.—Y as-tu fait attention?

CAMILLO.—Il ne voulait pas céder à vos prières; ses affaires devenaient toujours plus urgentes.

LÉONTES.—T'en es-tu aperçu? Voilà donc déjà des gens autour de moi qui murmurent tout bas et se disent à l'oreille: «Le roi de Sicile est un... et cætera.» C'est déjà bien avancé, lorsque je viens à le sentir le dernier. —Comment s'est-il déterminé à rester, Camillo?

CAMILLO.—Sur les prières de la vertueuse reine.

LÉONTES.—De la reine, soit:—vertueuse, cela devrait être, sans doute; mais voilà, cela n'est pas. Cette idée-là est-elle entrée dans quelque autre cervelle que la tienne? Car ta conception est d'une nature absorbante, elle attire à elle plus de choses que les esprits vulgaires. Cela n'est-il remarqué que par les intelligences plus fines, par quelques têtes d'un génie extraordinaire? Les créatures subalternes pourraient bien être tout à fait aveugles dans cette affaire: parle.

CAMILLO.—Dans cette affaire, seigneur? Je crois que tout le monde comprend que le roi de Bohême fait ici un plus long séjour.

LÉONTES.—Tu dis?

CAMILLO.—Qu'il fait ici un plus long séjour.

LÉONTES.—Oui, mais pourquoi?

CAMILLO.—Pour satisfaire Votre Majesté et se rendre aux instances de notre gracieuse souveraine.

LÉONTES.—Se rendre aux instances de votre souveraine? se rendre? Je n'en veux pas davantage.—Camillo, je t'ai confié les plus chers secrets de mon coeur aussi bien que ceux de mon conseil; et, comme un prêtre, tu as purifié mon sein; je t'ai toujours quitté comme un pénitent converti: mais je me suis trompé sur ton intégrité, c'est-à-dire trompé sur ce qui m'en offrait l'apparence.

CAMILLO.—Que le ciel m'en préserve, seigneur!

LÉONTES.—Oui, de le souffrir.—Tu n'es pas honnête, ou, si ton penchant t'y porte, tu es un lâche qui coupes le jarret à l'honnêteté et l'empêches de suivre sa course naturelle; ou autrement, il faut te regarder comme un serviteur initié dans ma confiance intime et négligent à y répondre; ou bien comme un insensé qui voit chez moi jouer un jeu où je perds le plus riche de mes trésors, et qui prend le tout en badinage.

CAMILLO.—Mon noble souverain, je puis être négligent, insensé et timide; nul homme n'est si exempt de ces défauts que sa négligence, sa folie et sa timidité ne se montrent quelquefois dans la multitude infinie des affaires de ce monde. Si jamais, seigneur, j'ai été négligent dans les vôtres à dessein, c'est une folie à moi; si jamais j'ai joué exprès le rôle d'un insensé, ç'aura été par négligence et faute de réfléchir assez aux conséquences; si jamais la crainte m'a fait hésiter dans une entreprise dont l'issue me semblait douteuse et dont l'exécution était réclamée à grands cris par la nécessité, ç'a été par une timidité qui souvent attaque le plus sage. Ce sont là, seigneur, autant d'infirmités ordinaires dont l'homme le plus honnête n'est jamais exempt. Mais, j'en conjure Votre Majesté, parlez-moi plus clairement; faites-moi connaître et voir en face ma faute, et si je la renie, c'est qu'elle ne m'appartient pas.

LÉONTES.—N'avez-vous pas vu, Camillo (mais cela est hors de doute, vous l'avez vu, ou le verre de votre lunette est opaque comme la corne d'un homme déshonoré), ou entendu dire (car sur une chose aussi visible la rumeur publique ne peut pas se taire), ou pensé en vous-même (car il n'y aurait pas de faculté de penser dans l'homme qui ne le penserait pas) que ma femme m'est infidèle?—Si tu veux l'avouer (ou autrement nie avec impudence, nie que tu aies des yeux, des oreilles et une pensée), conviens donc que ma femme est un cheval de bois[5] et qu'elle mérite un nom aussi infâme que la dernière des filles qui livre sa personne avant d'avoir engagé sa foi; dis-le et soutiens-le.

Note 5: (retour)

Hobby horse.

CAMILLO.—Je ne voudrais pas rester là en écoutant noircir ainsi ma souveraine maîtresse sans en tirer sur-le-champ vengeance. Malédiction sur moi-même! vous n'avez jamais proféré de parole plus indigne que celle-là; la répéter serait un crime, aussi grand que celui que vous imaginez, quand il serait vrai.

LÉONTES.—Et n'est-ce rien que de se parler à l'oreille? que d'appuyer joue contre joue? de mesurer leur nez ensemble? de se baiser les lèvres en dedans? d'étouffer un éclat de rire par un soupir? Et, signe infaillible d'un honneur profané, de faire chevaucher leur pied l'un sur l'autre? de se cacher ensemble dans les coins, de souhaiter que l'horloge aille plus vite? que les heures se changent en minutes et midi en minuit, que tous les yeux fussent aveuglés par une taie, hors les leurs, les leurs seulement, qui voudraient être coupables sans être vus: n'est-ce rien que tout cela? En ce cas, et le monde, et tout ce qu'il enferme, n'est donc rien non plus; ce ciel qui nous couvre n'est rien; la Bohême n'est rien; ma femme n'est rien, et tous ces riens ne signifient rien, si tout cela n'est rien.

CAMILLO.—Mon cher seigneur, guérissez-vous de cette funeste pensée, et au plus tôt, car elle est très-dangereuse.

LÉONTES.—C'est possible, mais c'est vrai.

CAMILLO.—Non, seigneur, non.

LÉONTES.—C'est vrai: vous mentez, vous mentez. Je te dis que tu mens, Camillo, et je te hais. Je te déclare un homme stupide, un misérable sans âme, ou un hypocrite qui temporise, qui peut voir de tes yeux indifféremment le bien et le mal, également enclin à tous les deux. Si le sang de ma femme était aussi corrompu que l'est son honneur, elle ne vivrait pas le temps qu'un sablier met à s'écouler.

CAMILLO.—Qui est donc son corrupteur?

LÉONTES.—Qui? Eh! celui qui la porte toujours pendue à son cou, comme une médaille, le roi de Bohême. Qui?... Si j'avais autour de moi des serviteurs zélés et fidèles qui eussent des yeux pour voir mon honneur comme ils voient leurs profits et leurs intérêts personnels, ils feraient une chose qui couperait court à cette débauche. Oui, et toi, mon échanson, toi que j'ai tiré de l'obscurité et élevé au rang d'un grand seigneur, toi qui peux voir aussi clairement que le ciel voit la terre et que la terre voit le ciel, combien je suis outragé... Tu pourrais épicer une coupe pour procurer à mon ennemi un sommeil éternel, et cette potion serait un baume pour mon coeur.

CAMILLO.—Oui, seigneur, je pourrais le faire, et cela non avec une potion violente, mais avec une liqueur lente, dont les effets ne trahiraient pas la malignité, comme le poison. Mais je ne puis croire à cette souillure chez mon auguste maîtresse, si souverainement honnête et vertueuse. Je vous ai aimé, sire...

LÉONTES.—Eh bien! va en douter et pourrir à ton aise!—Me crois-tu assez inconséquent, assez troublé pour chercher à me tourmenter moi-même, pour souiller la pureté et la blancheur de mes draps, qui, en se conservant, procure le sommeil, mais qui, une fois tachée, devient des aiguillons, des épines, des orties et des queues de guêpes,—pour provoquer l'ignominie à propos du sang du prince mon fils, que je crois être à moi et que j'aime comme mon enfant, sans de mûres et convaincantes raisons qui m'y forcent, dis, voudrais-je le faire? Un homme peut-il s'égarer ainsi?

CAMILLO.—Je suis obligé de vous croire, seigneur, et je vous débarrasserai du roi de Bohême, pourvu que, quand il sera écarté, Votre Majesté consente à reprendre la reine et à la traiter comme auparavant, ne fût-ce que pour l'intérêt de votre fils et pour imposer par là silence à l'injure des langues dans les cours et les royaumes connus du vôtre et qui vous sont alliés.

LÉONTES.—Tu me conseilles là précisément la conduite que je me suis prescrite à moi-même. Je ne porterai aucune atteinte à son honneur, aucune.

CAMILLO.—Allez donc, seigneur, et montrez au roi de Bohême et à votre reine le visage serein que l'amitié porte dans les fêtes. C'est moi qui suis l'échanson de Polixène: s'il reçoit de ma main un breuvage bienfaisant, ne me tenez plus pour votre serviteur.

LÉONTES.—C'est assez: fais cela, et la moitié de mon coeur est à toi; si tu ne le fais pas, tu perces le tien.

CAMILLO.—Je le ferai, seigneur.

LÉONTES.—J'aurai l'air amical, comme tu me le conseilles. (Il sort.)

CAMILLO, seul.—O malheureuse reine!—Mais moi, à quelle position suis-je réduit?—Il faut que je sois l'empoisonneur du vertueux Polixène; et mon motif pour cette action, c'est l'obéissance à un maître, à un homme qui, en guerre contre lui-même, voudrait que tous ceux qui lui appartiennent fussent de même.—En faisant cette action, j'avance ma fortune.—Quand je pourrais trouver l'exemple de mille sujets qui auraient frappé des rois consacrés et prospéré ensuite, je ne le ferais pas encore; mais puisque ni l'airain, ni le marbre, ni le parchemin ne m'en offrent un seul, que la scélératesse elle-même se refuse à un tel forfait..., il faut que j'abandonne la cour; que je le fasse ou que je ne le fasse pas, ma ruine est inévitable. Étoiles bienfaisantes, luisez à présent sur moi! Voici le roi de Bohême.

(Entre Polixène.)

POLIXÈNE.—Cela est étrange! Il me semble que ma faveur commence à baisser ici! Ne pas me parler!—Bonjour, Camillo.

CAMILLO.—Salut, noble roi.

POLIXÈNE.—Quelles nouvelles à la cour?

CAMILLO.—Rien d'extraordinaire, seigneur.

POLIXÈNE.—A l'air qu'a le roi, on dirait qu'il a perdu une province, quelque pays qu'il chérissait comme lui-même. Je viens dans le moment même de l'aborder avec les compliments accoutumés; lui, détournant ses yeux du côté opposé, et donnant à sa lèvre abaissée le mouvement du mépris, s'éloigne rapidement de moi, me laissant à mes réflexions sur ce qui a pu changer ainsi ses manières.

CAMILLO.—Je n'ose pas le savoir, seigneur...

POLIXÈNE.—Comment, vous n'osez pas le savoir! vous n'osez pas? Vous le savez, et vous n'osez pas le savoir pour moi? C'est là ce que vous voulez dire; car pour vous, ce que vous savez, il faut bien que vous le sachiez, et vous ne pouvez pas dire que vous n'osez pas le savoir. Cher Camillo, votre visage altéré est pour moi un miroir où je lis aussi le changement du mien; car il faut bien que j'aie quelque part à cette altération en trouvant ma position changée en même temps.

CAMILLO.—Il y a un mal qui met le désordre chez quelques-uns de nous, mais je ne puis nommer ce mal, et c'est de vous qu'il a été gagné, de vous qui pourtant vous portez fort bien.

POLIXÈNE.—Comment! gagné de moi? N'allez pas me prêter le regard du basilic: j'ai envisagé des milliers d'hommes qui n'ont fait que prospérer par mon coup d'oeil, mais je n'ai donné la mort à aucun. Camillo... comme il est certain que vous êtes un gentilhomme plein de science et d'expérience, ce qui orne autant notre noblesse que peuvent le faire les noms illustres de nos aïeux, qui nous ont transmis la noblesse par héritage, je vous conjure, si vous savez quelque chose qu'il soit de mon intérêt de connaître, de m'en instruire; ne me le laissez pas ignorer en l'emprisonnant dans le secret.

CAMILLO.—Je ne puis répondre.

POLIXÈNE.—Une maladie gagnée de moi, et cependant je me porte bien! Il faut que vous me répondiez, entendez-vous, Camillo? Je vous en conjure, au nom de tout ce que l'honneur permet (et cette prière que je vous fais n'est pas des dernières qu'il autorise), je vous conjure de me déclarer quel malheur imprévu tu devines être prêt de se glisser sur moi, à quelle distance il est encore, comment il s'approche, quel est le moyen de le prévenir, s'il y en a; sinon, quel est celui de le mieux supporter.

CAMILLO.—Seigneur, je vais vous le dire, puisque j'en suis sommé au nom de l'honneur et par un homme que je crois plein d'honneur. Faites donc attention à mon conseil, qui doit être aussi promptement suivi que je veux être prompt à vous le donner, ou nous n'avons qu'à nous écrier, vous et moi: *Nous sommes perdus!* Et adieu.

POLIXÈNE.—Poursuivez, cher Camillo.

CAMILLO.—Je suis l'homme chargé de vous tuer.

POLIXÈNE.—Par qui, Camillo?

CAMILLO.—Par le roi.

POLIXÈNE.—Pourquoi?

CAMILLO.—Il croit, ou plutôt il jure avec conviction, comme s'il l'avait vu de ses yeux ou qu'il eût été l'agent employé pour vous y engager, que vous avez eu un commerce illicite avec la reine.

POLIXÈNE.—Ah! si cela est vrai, que mon sang se tourne en liqueur venimeuse et que mon nom soit accouplé au nom de celui qui a trahi le meilleur de tous; que ma réputation la plus pure se change en une odeur infecte qui offense les sens les plus obtus, en quelque lieu que je me présente, et que mon approche soit évitée et plus abhorrée que la plus contagieuse peste dont l'histoire ou la tradition aient jamais parlé!

CAMILLO.—Jurez, pour le dissuader, par toutes les étoiles du ciel et par toutes leurs influences; vous pourriez aussi bien empêcher la mer d'obéir à la lune que réussir à écarter par vos serments ou ébranler par vos avis le fondement de sa folie: elle est appuyée sur sa folie, et elle durera autant que son corps.

POLIXÈNE.—Comment cette idée a-t-elle pu se former?

CAMILLO.—Je l'ignore, mais je suis certain qu'il est plus sûr d'éviter ce qui est formé que de s'arrêter à chercher comment cela est né. Si donc vous osez vous fier à mon honnêteté, qui réside enfermée dans ce corps, que vous emmènerez avec vous en otage, partons cette nuit: j'informerai secrètement de l'affaire vos serviteurs, et je saurai les faire sortir de la ville par deux ou par trois à différentes poternes. Quant à moi, je dévoue mon sort à votre service, perdant ici ma fortune par cette confidence. Ne balancez pas; car, par l'honneur de mes parents, je vous ai dit la vérité: si vous en cherchez d'autres preuves, je n'ose pas rester à les attendre; et vous ne serez pas plus en sûreté qu'un homme condamné par la propre bouche du roi, et dont il a juré la mort.

POLIXÈNE.—Je te crois. J'ai vu son coeur sur son visage. Donne-moi ta main, sois mon guide, et ta place sera toujours à côté de la mienne. Mes vaisseaux sont prêts, et il y a deux jours que mes gens attendaient mon départ de cette cour.—Cette jalousie a pour objet une créature bien précieuse; plus elle est une personne rare, plus cette jalousie doit être extrême: et plus il est puissant, plus elle doit être violente; il s'imagine qu'il est déshonoré par un homme qui a toujours professé d'être son ami; sa vengeance doit donc, par cette raison, en être plus cruelle. La crainte m'environne de ses ombres; qu'une prompte fuite soit mon salut et sauve la gracieuse reine, le sujet des pensées de Léontes, mais qui est sans raison l'objet de ses injustes soupçons. Viens, Camillo; je te respecterai comme mon père, si tu parviens à sauver ma vie de ces lieux. Fuyons.

CAMILLO.—J'ai l'autorité de demander les clefs de toutes les poternes: que Votre Majesté profite des moments: le temps presse; allons, seigneur, partons. (Ils sortent.)

FIN DU PREMIER ACTE.

ACTE DEUXIÈME

SCÈNE I

Sicile.—Même lieu que l'acte précédent.

Entrent HERMIONE, MAMILIUS, Dames.

HERMIONE.—Prenez-moi cet enfant avec vous; il me fatigue au point que je n'y peux plus tenir.

PREMIÈRE DAME.—Allons, venez, mon gracieux seigneur. Sera-ce moi qui serai votre camarade de jeu?

MAMILIUS.—Non, je ne veux point de vous.

PREMIÈRE DAME.—Pourquoi cela, mon cher petit prince?

MAMILIUS.—Vous m'embrassez trop fort, et puis vous me parlez comme si j'étais un petit enfant. (*A la seconde dame.*) Je vous aime mieux, vous.

SECONDE DAME.—Et pourquoi cela, mon prince?

MAMILIUS.—Ce n'est pas parce que vos sourcils sont plus noirs; cependant des sourcils noirs, à ce qu'on dit, siéent le mieux à certaines femmes, pourvu qu'ils ne soient pas trop épais, mais qu'ils fassent un demi-cercle ou un croissant tracé avec une plume.

SECONDE DAME.—Qui vous a appris cela?

MAMILIUS.—Je l'ai appris sur le visage des femmes.—Dites-moi, je vous prie, de quelle couleur sont vos sourcils?

PREMIÈRE DAME.—Bleus, seigneur.

MAMILIUS.—Oh! c'est une plaisanterie que vous faites: j'ai bien vu le nez d'une femme qui était bleu, mais non pas ses sourcils.

SECONDE DAME.—Écoutez-moi. La reine votre mère va fort s'arrondissant: nous offrirons un de ces jours nos services à un beau prince nouveau-né; vous seriez bien content alors de jouer avec nous, si nous voulions de vous.

PREMIÈRE DAME.—Il est vrai qu'elle prend depuis peu une assez belle rondeur: puisse-t-elle rencontrer une heure favorable!

HERMIONE.—De quels sages propos est-il question entre vous? Venez, mon ami; je veux bien de vous à présent; je vous prie, venez vous asseoir auprès de nous, et dites-nous un conte.

MAMILIUS.—Faut-il qu'il soit triste ou gai?

HERMIONE.—Aussi gai que vous voudrez.

MAMILIUS.—Un conte triste va mieux en hiver; j'en sais un d'esprits et de lutins.

HERMIONE.—Contez-nous celui-là, mon fils: allons, venez vous asseoir.—Allons, commencez et faites de votre mieux pour m'effrayer avec vos esprits; vous êtes fort là-dessus.

MAMILIUS.—Il y avait une fois un homme...

HERMIONE.—Asseyez-vous donc là... Allons, continuez.

MAMILIUS.—Qui demeurait près du cimetière.—Je veux le conter tout bas: les grillons qui sont ici ne l'entendront pas.

HERMIONE.—Approchez-vous donc, et contez-le-moi à l'oreille.

(Entrent Léontes, Antigone, seigneurs et suite.)

LÉONTES.—Vous l'avez rencontré là? et sa suite? et Camillo avec lui?

UN DES COURTISANS.—Derrière le bosquet de sapins: c'est là que je les ai trouvés; jamais je n'ai vu hommes courir si vite. Je les ai suivis des yeux jusqu'à leurs vaisseaux.

LÉONTES.—Combien je suis heureux dans mes conjectures et juste dans mes soupçons!—Hélas! plût au ciel que j'eusse moins de pénétration! Que je suis à plaindre de posséder ce don!—Il peut se trouver une araignée noyée au fond d'une coupe, un homme peut boire la coupe, partir et n'avoir pris aucun venin, car son imagination n'en est point infectée; mais si l'on offre à ses yeux l'insecte abhorré, et si on lui fait connaître ce qu'il a bu, il s'agite alors, il tourmente et son gosier et ses flancs de secousses et d'efforts.—Moi j'ai bu et j'ai vu l'araignée.— Camillo le secondait dans cette affaire; c'est lui qui est son entremetteur. —Il y a un complot tramé contre ma vie et ma couronne.—Tout ce que soupçonnait ma défiance est vrai.—Ce perfide scélérat que j'employais était engagé d'avance par l'autre: il lui a découvert mon dessein; et moi, je reste un simple mannequin dont ils s'amusent à leur gré.—Comment les poternes se sont-elles si facilement ouvertes?

LE COURTISAN.—Par la force de sa grande autorité, qui s'est fait obéir ainsi plus d'une fois d'après vos ordres.

LÉONTES.—Je ne le sais que trop.—Donnez-moi cet enfant. (*A Hermione.*) Je suis bien aise que vous ne l'ayez pas nourri; quoiqu'il ait quelques traits de moi, cependant il y a en lui trop de votre sang.

HERMIONE.—Que voulez-vous dire? Est-ce un badinage?

LÉONTES.—Qu'on emmène l'enfant d'ici: je ne veux pas qu'il approche d'elle; emmenez-le.—Et qu'elle s'amuse avec celui dont elle est enceinte; car c'est Polixène qui vous a ainsi arrondie.

HERMIONE.—Je dirais seulement que ce n'est pas lui, que je serais bien sûre d'être crue de vous sur ma parole, quand vous affecteriez de prétendre le contraire.

LÉONTES.—Vous, mes seigneurs, considérez-la, observez-la bien; dites si vous voulez: *C'est une belle dame*, mais la justice qui est dans vos coeurs vous fera ajouter aussitôt: *C'est bien dommage qu'elle ne soit pas honnête ni vertueuse!* Ne louez en elle que la beauté de ses formes extérieures, qui, sur ma parole, méritent de grands éloges; mais ajoutez de suite un haussement d'épaules, un murmure entre vos dents, une exclamation, et toutes ces petites flétrissures que la calomnie emploie; oh! je me trompe, c'est la pitié qui s'exprime ainsi, car la calomnie flétrit la vertu même.—Que ces haussements d'épaules, ces murmures, ces exclamations surviennent et se placent immédiatement après que vous aurez dit: *Qu'elle est belle!* et avant que vous puissiez ajouter: *Qu'elle est honnête!* Qu'on apprenne seulement ceci de moi, qui ai le plus sujet de gémir que cela soit: c'est une adultère.

HERMIONE.—Si un scélérat parlait ainsi, le scélérat le plus accompli du monde entier, il en serait plus scélérat encore: vous, seigneur, vous ne faites que vous tromper.

LÉONTES.—Vous vous êtes trompée, madame, en prenant Polixène pour Léontes. O toi, créature..., je ne veux pas t'appeler du nom qui te convient, de crainte que la grossièreté barbare, s'autorisant de mon exemple, ne se permette un pareil langage, sans égard pour le rang, et n'oublie la distinction que la politesse doit mettre entre le prince et le mendiant.—J'ai dit qu'elle est adultère, j'ai dit avec qui: elle est plus encore, elle est traître à son roi, et Camillo est son complice, un homme qui sait ce qu'elle devrait rougir de savoir, quand le secret en serait réservé à elle seule et à son vil amant. Camillo sait qu'elle est une profanatrice du lit nuptial, et aussi corrompue que ces femmes à qui le vulgaire prodigue des noms énergiques; oui, de plus elle est complice de leur récente évasion.

HERMIONE.—Non, sur ma vie, je n'ai aucune part à tout cela. Combien vous aurez de regret, quand vous viendrez à être mieux instruit, de m'avoir ainsi diffamée publiquement! Mon cher seigneur, vous aurez bien de la peine à me faire une réputation suffisante en disant que vous vous êtes trompé.

LÉONTES.—Non, non, si je me trompe, d'après les preuves sur lesquelles je me fonde, le centre de la terre n'est pas assez fort pour porter la toupie d'un écolier.—Emmenez-la en prison; celui qui parlera pour elle se rend coupable seulement pour avoir parlé.

HERMIONE.—Il y a quelque planète malfaisante qui domine dans le ciel. Je dois attendre avec patience que le ciel présente un aspect plus favorable.—Chers seigneurs, je ne suis point sujette aux pleurs, comme l'est ordinairement notre sexe; peut-être que le défaut de ces vaines larmes tarira votre pitié; mais je porte logé là(*elle montre son coeur*) cette douleur de l'honneur blessé qui brûle trop fort pour qu'elle puisse être éteinte par les larmes. Je vous conjure tous, seigneurs, de me juger sur les pensées les plus honorables que votre charité pourra vous inspirer: et que la volonté du roi s'accomplisse.

LÉONTES, *aux gardes.*—Serai-je obéi?

HERMIONE.—Quel est celui de vous qui vient avec moi?—Je demande en grâce à Votre Majesté que mes femmes m'accompagnent; car vous voyez que mon état le réclame. (*A ses femmes.*) Ne pleurez point, pauvres amies, il n'y a point de sujet: quand vous apprendrez que votre maîtresse a mérité la prison, fondez en larmes quand j'y serai conduite; mais cette accusation-ci ne peut tourner qu'à mon plus grand honneur.— Adieu, seigneur: jamais je n'avais souhaité de vous voir affligé; mais aujourd'hui, j'ai confiance que cela m'arrivera.—Venez, mes femmes; vous en avez la permission.

LÉONTES.—Allez, exécutez nos ordres.—Allez-vous-en.

(Les gardes conduisent la reine accompagnée de ses femmes.)

UN SEIGNEUR.—J'en conjure Votre Majesté, rappelez la reine.

ANTIGONE.—Soyez bien sûr de ce que vous faites, seigneur, de crainte que votre justice ne se trouve être de la violence. Trois grands personnages sont ici compromis, vous-même, votre reine et votre fils.

LE SEIGNEUR.—Pour elle, seigneur, j'ose engager ma vie, et je le ferai si vous voulez l'accepter, que la reine est sans tache aux yeux du ciel et envers vous; je veux dire innocente de ce dont vous l'accusez.

ANTIGONE.—S'il est prouvé qu'elle ne le soit pas, j'établirai mon domicile à côté de ma femme, j'irai toujours accouplé avec elle; je ne me fierai à elle que lorsque je la sentirai et la verrai: si la reine est infidèle, il n'y a plus un pouce de la femme,—que dis-je? une drachme de sa chair qui ne soit perfide.

LÉONTES.—Taisez-vous.

LE SEIGNEUR.—Mon cher souverain...

ANTIGONE.—C'est pour vous que nous parlons, et non pas pour nous. Vous êtes trompé par quelque instigateur qui sera damné pour sa peine: si je connaissais ce lâche, je le damnerais déjà dans ce monde.—Si son honneur est souillé... j'ai trois filles; l'aînée a onze ans, la seconde neuf, et la cadette environ cinq: si cette accusation se trouve fondée, elles me le payeront, sur mon honneur; je les mutile toutes trois: elles ne verront pas l'âge de quatorze ans pour enfanter des générations bâtardes: elles sont mes cohéritières, et je me mutilerais plutôt moi-même que de souffrir qu'elles ne produisent pas des enfants légitimes.

LÉONTES.—Cessez; plus de vaines paroles; vous ne sentez mon affront qu'avec des sens aussi froids que le nez d'un mort: mais moi, je le vois, je le sens; sentez ce que je vous fais, et voyez en même temps la main qui vous touche[6].

Note 6: (retour)

Il y avait ici quelque geste indiqué pour l'acteur, peut-être celui de mettre deux doigts sur la tête d'Antigone en forme de cornes.

ANTIGONE.—Si cela est vrai, nous n'avons pas besoin de tombeau pour ensevelir la vertu: il n'y en a pas un seul grain pour adoucir l'aspect de cette terre fangeuse.

LÉONTES.—Quoi! ne m'en croit-on pas sur parole?

LE SEIGNEUR.—J'aimerais bien mieux que ce fût vous qu'on refusât de croire sur ce point, seigneur, plutôt que moi, et je serais bien plus satisfait de voir son honneur justifié que votre soupçon, quelque blâmé que vous en pussiez être.

LÉONTES.—Eh! qu'avons-nous besoin aussi de vous consulter là-dessus? Que ne suivons-nous plutôt l'instinct qui nous force à le croire? Notre prérogative n'exige point vos conseils: c'est notre bonté naturelle qui vous fait cette confidence; et si (soit par stupidité, ou par une adroite affectation) vous ne voulez pas ou ne pouvez pas goûter et sentir la vérité comme nous, apprenez que nous n'avons plus besoin de vos avis. L'affaire, la conduite à suivre, la perte ou le gain, tout nous est personnel.

ANTIGONE.—Et je souhaiterais, mon souverain, que vous eussiez jugé cette affaire dans le silence de votre jugement, sans en rien communiquer à personne.

LÉONTES.—Comment cela se pouvait-il? Ou l'âge a renforcé votre ignorance, ou vous êtes né stupide. Ne sommes-nous pas autorisés dans notre conduite par la fuite de Camillo, jointe à leur familiarité, qui était palpable autant que peut être une chose qui n'a plus besoin que d'être vue pour être prouvée, tant les circonstances étaient évidentes? Rien ne manquait à l'évidence, que d'avoir vu la chose. Cependant, pour une plus forte confirmation (car, dans une affaire de cette importance, la précipitation serait lamentable), j'ai envoyé en hâte à la ville sacrée de Delphes, au temple d'Apollon, Dion et Cléomène, dont vous connaissez le mérite plus que suffisant. Ainsi c'est l'oracle qui me dictera la marche à suivre, et ce conseil spirituel, une fois obtenu, m'arrêtera ou me poussera en avant. Ai-je bien fait?

LE SEIGNEUR.—Très-bien, seigneur.

LÉONTES.—Quoique je sois convaincu et que je n'aie pas besoin d'en savoir plus que je n'en sais, cependant l'oracle servira à tranquilliser les esprits des autres, et ceux dont l'ignorante crédulité se refuse à voir la vérité. Ainsi nous avons trouvé convenable qu'elle fût séparée de notre personne et emprisonnée, de peur qu'elle ne soit chargée d'accomplir la trahison tramée par les deux complices qui ont pris la fuite. Allons, suivez-nous; nous devons parler au peuple; car cette affaire va nous mettre tous en mouvement.

ANTIGONE, *à part.*—Pour finir par en rire, à ce que je présume, si la bonne vérité était connue.

(Ils sortent.)

SCÈNE II

L'extérieur d'une prison.

Entre PAULINE et sa suite.

PAULINE.—Le geôlier! Qu'on l'appelle. (*Un serviteur sort.*) Faites-lui savoir qui je suis.—Vertueuse reine! Il n'est point en Europe de cour assez brillante pour toi; que fais-tu dans cette prison? (*Le serviteur revient avec le geôlier.*) (*Au geôlier.*) Vous me connaissez, n'est-ce pas mon ami?

LE GEÔLIER.—Pour une vertueuse dame, et que j'honore beaucoup.

PAULINE.—Alors je vous prie, conduisez-moi vers la reine.

LE GEÔLIER.—Je ne le puis, madame; j'ai reçu expressément des ordres contraires.

PAULINE.—On se donne ici bien de la peine pour emprisonner l'honnêteté et la vertu, et leur défendre l'accès des amis sensibles qui viennent les visiter!—Est-il permis, je vous prie, de voir ses femmes? quelqu'une d'elles, Émilie, par exemple?

LE GEÔLIER.—S'il vous plaît, madame, d'écarter de vous votre suite, je vous amènerai Émilie.

PAULINE.—Eh bien! je vous prie de la faire venir.—Vous, éloignez-vous.

(Les gens de la suite sortent.)

LE GEÔLIER.—Et il faut encore, madame, que je sois présent à votre entretien.

PAULINE.—Eh bien! à la bonne heure; je vous prie... (*Le geôlier sort.*) On se donne ici tant de peine pour ternir ce qui est sans tache, que cela dépasse toute idée. (*Le geôlier reparaît avec Émilie.*) (*A Émilie.*) Chère demoiselle, comment se porte notre gracieuse reine?

ÉMILIE.—Aussi bien que peuvent le permettre tant de grandeur et d'infortunes réunies. Dans les secousses de ses frayeurs et de ses douleurs, les plus extrêmes qu'ait souffertes une femme délicate, elle est accouchée un peu avant son terme.

PAULINE.—D'un garçon?

ÉMILIE.—D'une fille. Un bel enfant, vigoureux, et qui semble devoir vivre. La reine en reçoit beaucoup de consolation; elle lui dit: *Ma pauvre petite prisonnière, je suis aussi innocente que toi.*

PAULINE.—J'en ferais serment.—Maudites soient ces dangereuses et funestes lunes[7] du roi! Il faut qu'il en soit instruit, et il le sera; c'est à une femme que cet office sied le mieux, et je le prends sur moi. Si mes paroles sont emmiellées, que ma langue s'enfle et ne puisse jamais servir d'organe à ma colère enflammée.—Je vous prie, Émilie, présentez l'hommage de mon respect à la reine: si elle a le courage de me confier son petit enfant, j'irai le montrer au roi, et je me charge de lui servir d'avocat avec la dernière chaleur. Nous ne savons pas à quel point la vue de cet enfant peut l'adoucir: souvent le silence de la pure innocence persuade où la parole échouerait.

Note 7: (retour)

Expression empruntée du français.

ÉMILIE.—Très-noble dame, votre honneur et votre bonté sont si manifestes que cette entreprise volontaire de votre part ne peut manquer d'avoir un succès heureux: il n'est point de dame au monde aussi propre à remplir cette importante commission. Daignez entrer dans la chambre voisine: je vais sur-le-champ instruire la reine de votre offre généreuse. Elle-même aujourd'hui méditait cette idée: mais elle n'a pas osé proposer à personne ce ministère d'honneur, dans la crainte de se voir refusée.

PAULINE.—Dites-lui, Émilie, que je me servirai de cette langue que j'ai: et s'il en sort autant d'éloquence qu'il y a de hardiesse dans mon sein, il ne faut pas douter que je ne fasse du bien.

ÉMILIE.—Que le ciel vous bénisse! Je vais trouver la reine. Je vous prie, avancez un peu plus près.

LE GEÔLIER.—Madame, s'il plaît à la reine d'envoyer l'enfant, je ne sais pas à quel danger je m'exposerai en le permettant, n'ayant aucun ordre qui m'y autorise.

PAULINE.—Vous n'avez rien à craindre, mon ami: l'enfant était prisonnier dans le sein de sa mère; et il en a été délivré et affranchi par les lois et la marche de la nature. Il n'a point part au courroux du roi: et il n'est pas coupable des fautes de sa mère, si elle en a commis quelqu'une.

LE GEÔLIER.—Je le crois comme vous.

PAULINE.—N'ayez aucune crainte: sur mon honneur, je me placerai entre vous et le danger. (Ils sortent.)

SCÈNE III

Salle dans le palais.

Entrent LÉONTES, ANTIGONE, SEIGNEURS *et suite.*

LÉONTES.—Ni le jour, ni la nuit, point de repos: c'est une vraie faiblesse de supporter ainsi ce malheur... Oui, ce serait pure faiblesse, si la cause de mon trouble n'était pas encore en vie. Elle fait partie de cette cause, elle, cette adultère.—Car le roi suborneur est tout à fait hors de la portée de mon bras, au delà de l'atteinte de mes projets de vengeance. Mais elle, je la tiens sous ma main. Supposé qu'elle soit morte, livrée aux flammes, je pourrais alors retrouver la moitié de mon repos.—Holà! quelqu'un!

(Un de ses officiers s'avance.)

L'OFFICIER.—Seigneur?

LÉONTES.—Comment se porte l'enfant?

L'OFFICIER.—Il a bien reposé cette nuit: on espère que sa maladie est terminée.

LÉONTES.—Ce que c'est que le noble instinct de cet enfant! Sentant le déshonneur de sa mère, on l'a vu aussitôt décliner, languir, et en être profondément affecté: il s'en est comme approprié, incorporé la honte; il en a perdu la gaieté, l'appétit, le sommeil, et il est tombé en langueur. (*A l'officier.*) Laissez-moi seul; allez voir comment il se porte. (*L'officier sort.*)—Fi donc! fi donc!—Ne pensons point à Polixène. Quand je regarde de ce côté, mes pensées de vengeance reviennent sur moi-même. Il est trop puissant par lui-même, par ses partisans, ses alliances: qu'il vive, jusqu'à ce qu'il vienne une occasion favorable. Quant à la vengeance présente, accomplissons-la sur elle. Camillo et Polixène rient de moi; ils se font un passe-temps de mes chagrins; ils ne riraient pas, si je pouvais les atteindre; elle ne rira pas non plus, celle que je tiens sous ma puissance.

(Entre Pauline tenant l'enfant.)

UN SEIGNEUR.—Vous ne pouvez pas entrer.

PAULINE.—Ah! secondez-moi tous plutôt, mes bons seigneurs: quoi! craignez-vous plus sa colère tyrannique que vous ne tremblez pour la vie de la reine? une âme pure et vertueuse, plus innocente qu'il n'est jaloux!

ANTIGONE.—C'en est assez.

L'OFFICIER.—Madame, le roi n'a pas dormi cette nuit; et il a donné ordre de ne laisser approcher personne.

PAULINE.—Point tant de chaleur, monsieur; je viens lui apporter le sommeil. C'est vous et vos pareils qui rampez près de lui comme des ombres, et gémissez à chaque inutile soupir qu'il pousse; c'est vous qui nourrissez la cause de son insomnie: moi, je viens avec des paroles aussi salutaires que franches et vertueuses pour le purger de cette humeur qui l'empêche de dormir.

LÉONTES.—Quel est donc ce bruit que j'entends?

PAULINE.—Ce n'est pas du bruit, seigneur, mais je sollicite une audience nécessaire pour les affaires de Votre Majesté.

LÉONTES.—Comment?—Qu'on fasse sortir cette dame audacieuse. Antigone, je vous ai chargé de l'empêcher de m'approcher; je savais qu'elle viendrait.

ANTIGONE.—Je lui avais défendu, seigneur, sous peine d'encourir votre disgrâce et la mienne, de venir vous voir.

LÉONTES.—Quoi! ne pouvez-vous la gouverner?

PAULINE.—Oui, seigneur, pour me défendre tout ce qui n'est pas honnête, il le peut: mais dans cette affaire (à moins qu'il n'use du moyen dont vous avez usé, et qu'il ne m'emprisonne, pour mes bonnes actions), soyez sûr qu'il ne me gouvernera pas.

ANTIGONE.—Voyez maintenant, vous l'entendez vous-même, lorsqu'elle veut prendre les rênes, je la laisse conduire: mais elle ne fera pas de faux pas.

PAULINE.—Mon cher souverain, je viens, et je vous conjure de m'écouter; moi, qui fais profession d'être votre loyale sujette, votre médecin, et votre conseiller très-soumis; mais qui pourtant ose le paraître moins, et flatter moins vos maux que certaines gens qui paraissent plus dévoués à vos intérêts;—je viens, vous dis-je, de la part de votre vertueuse reine.

LÉONTES.—Vertueuse reine!

PAULINE.—Vertueuse reine, seigneur; vertueuse reine; je dis vertueuse reine; et je soutiendrais sa vertu dans un combat singulier, si j'étais un homme, fussé-je le dernier de ceux qui vous entourent.

LÉONTES.—Forcez-la de sortir de ma présence.

PAULINE.—Que celui qui n'attache aucun prix à ses yeux mette le premier la main sur moi: je sortirai de ma propre volonté; mais auparavant je remplirai mon message.—La vertueuse reine, car elle est vertueuse, vous a mis au monde une fille; la voilà: elle la recommande à votre bénédiction.

LÉONTES.—Loin de moi, méchante sorcière[8]! Emmenez-la d'ici, hors des portes.—Une infâme entremetteuse!

Note 8: (retour)

Mankind witch.

PAULINE.—Non, seigneur; je suis aussi ignorante dans ce métier que vous me connaissez mal, seigneur, en me donnant ce nom. Je suis aussi honnête que vous êtes fou; et c'est l'être assez, je le garantis, pour passer pour honnête femme, comme va le monde.

LÉONTES.—Traîtres! ne la chasserez-vous pas? Donnez-lui cette bâtarde. (*A Antigone.*) Toi, radoteur, qui te laisses conduire par le nez, coq battu par ta poule[9], ramasse cette bâtarde, prends-la, te dis-je, et rends-la à ta commère.

Note 9: (retour)

Woman-tried.

PAULINE.—Que tes mains soient à jamais déshonorées, si tu relèves la princesse sur cette outrageante et fausse dénomination qu'il lui a donnée.

LÉONTES, *à Antigone.*—Il a peur de sa femme!

PAULINE.—Je voudrais que vous en fissiez autant: alors il n'y aurait pas de doute que vous n'appelassiez vos enfants vos enfants.

LÉONTES.—Un nid de traîtres!

ANTIGONE.—Je ne suis point un traître, par le jour qui nous éclaire.

PAULINE.—Ni moi, ni personne, hors un seul ici, et c'est lui-même; (*montrant le roi*) lui qui livre et son propre honneur, et celui de sa reine, et celui de son fils, d'une si heureuse espérance, et celui de son petit enfant, à la calomnie, dont la plaie est plus cuisante que celle du glaive: lui qui ne veut pas (et, dans la circonstance, c'est une malédiction qu'il ne puisse y être contraint) arracher de son coeur la racine de son opinion, qui est pourrie, si jamais un chêne ou une pierre fut solide.

LÉONTES.—Une créature d'une langue effrénée, qui tout à l'heure maltraitait son mari, et qui maintenant aboie contre moi! Cet enfant n'est point à moi: c'est la postérité de Polixène. Ôtez-le de ma vue, et livrez-le aux flammes avec sa mère.

PAULINE.—Il est à vous, et nous pourrions vous appliquer en reproche le vieux proverbe: *Il vous ressemble tant que c'est tant pis.*—Regardez, seigneurs, quoique l'image soit petite, si ce n'est pas la copie et le portrait du père: ses yeux, son nez, ses lèvres, le froncement de son sourcil, son front et jusqu'aux jolies fossettes de son menton et de ses joues, et son sourire; la forme même de sa main, de ses ongles, de ses doigts.—Et toi, nature, bonne déesse, qui l'as formée si ressemblante à celui qui l'a engendrée, si c'est toi qui disposes aussi de l'âme, parmi toutes ses couleurs, qu'il n'y ait pas de jaune[10]; de peur qu'elle ne soupçonne un jour, comme lui, que ses enfants ne sont pas les enfants de son mari!

Note 10: (retour)

Couleur de la jalousie.

LÉONTES.—Méchante sorcière!—Et toi, imbécile, digne d'être pendu, tu n'arrêteras pas sa langue?

ANTIGONE.—Si vous faites pendre tous les maris qui ne peuvent accomplir cet exploit, à peine vous laisserez-vous un seul sujet.

LÉONTES.—Encore une fois, emmène-la d'ici.

PAULINE.—Le plus méchant et le plus dénaturé des époux ne peut faire pis.

LÉONTES.—Je te ferai brûler vive.

PAULINE.—Je ne m'en embarrasse point: c'est celui qui allume le bûcher qui est l'hérétique, et non point celle qui y est brûlée. Je ne vous appelle point tyran: mais ce traitement cruel que vous faites subir à votre reine, sans pouvoir donner d'autres preuves de votre accusation que votre imagination déréglée, sent un peu la tyrannie et vous rendra ignoble; oui, et un objet d'ignominie aux yeux du monde.

LÉONTES.—Sur votre serment de fidélité, je vous somme de la chasser de ma chambre. Si j'étais un tyran, où serait sa vie? Elle n'aurait pas osé m'appeler ainsi, si elle me connaissait pour en être un. Entraînez-la.

PAULINE.—Je vous prie, ne me poussez pas, je m'en vais. Veillez sur votre enfant, seigneur; il est à vous. Que Jupiter daigne lui envoyer un meilleur génie tutélaire! (*Aux courtisans.*) A quoi bon vos mains? Vous qui prenez un si tendre intérêt à ses extravagances, vous ne lui ferez jamais aucun bien, non, aucun de vous; allez, allez; adieu, je m'en vais.

(Elle sort.)

LÉONTES, *à Antigone.*—C'est toi, traître, qui as poussé ta femme à ceci! Mon enfant!... qu'on l'emporte!—Toi-même, qui montres un coeur si tendre pour lui, emporte-le d'ici et fais-le consumer sur-le-champ par les flammes; oui, je veux que ce soit toi, et nul autre que toi. Prends-le à l'instant, et avant une heure songe à venir m'annoncer l'exécution de mes ordres, et sur de bonnes preuves, ou je confisque ta vie avec tout ce que tu peux posséder; si tu refuses de m'obéir et que tu veuilles lutter avec ma colère, dis-le, et de mes propres mains je vais briser la cervelle de ce bâtard. Va, jette-le au feu, car c'est toi qui animes ta femme.

ANTIGONE.—Non, sire; tous ces seigneurs, mes nobles amis, peuvent, s'ils le veulent, me justifier pleinement.

UN SEIGNEUR.—Oui, nous le pouvons, mon royal maître; il n'est point coupable de ce que sa femme est venue ici.

LÉONTES.—Vous êtes tous des menteurs.

UN SEIGNEUR.—J'en conjure Votre Majesté, accordez-nous plus de confiance; nous vous avons fidèlement servi, et nous vous conjurons de nous rendre cette justice; tombant à vos genoux, nous vous demandons en grâce, comme une récompense de nos services passés et futurs, de changer cette résolution; elle est trop atroce, trop sanguinaire, pour ne pas conduire à quelque issue sinistre; nous voilà tous à vos genoux.

LÉONTES.—Je suis comme une plume, pour tous les vents qui soufflent.—Vivrai-je donc pour voir cet enfant odieux à mes genoux m'appeler son père? Il vaut mieux le brûler à présent que de le maudire alors. Mais soit, qu'il vive... Non, il ne vivra pas.—(*A Antigone.*) Vous, approchez ici, monsieur, qui vous êtes montré si tendrement officieux, de concert avec votre dame Marguerite, votre sage-femme, pour sauver la vie de cette bâtarde (car c'est une bâtarde, aussi sûr que cette barbe est grise): quels hasards voulez-vous courir pour sauver la vie de ce marmot?

ANTIGONE.—Tous ceux, seigneur, que mes forces peuvent supporter et que l'honneur peut m'imposer, j'irai jusque-là, et j'offre le peu de sang qui me reste pour sauver l'innocence; tout ce que je pourrai faire.

LÉONTES.—Tu pourras le faire. Jure sur cette épée que tu exécuteras mes ordres[11].

Note 11: (retour)

Forme de serment jadis usitée.

ANTIGONE.—Je le jure, seigneur.

LÉONTES.—Écoute et obéis; songes-y bien, car la moindre omission sera l'arrêt, non-seulement de ta mort, mais de la mort de ta femme à mauvaise langue; quant à présent, nous voulons bien lui pardonner. Nous t'enjoignons, par ton devoir d'homme lige, de transporter cette fille bâtarde dans quelque désert éloigné, hors de l'enceinte de nos domaines, et là de l'abandonner sans plus de pitié à sa propre protection, aux risques du climat. Comme cet enfant nous est survenu par un hasard étrange, je te charge au nom de la justice, au péril de ton âme et des tortures de ton corps, de l'abandonner comme une étrangère à la merci du sort, à qui tu laisseras le soin de l'élever ou de la détruire; emporte-la.

ANTIGONE.—Je jure de le faire, quoiqu'une mort présente eût été plus miséricordieuse. Allons, viens, pauvre enfant; que quelque puissant esprit inspire aux vautours et aux corbeaux de te servir de nourrices! On dit que les loups et les ours ont quelquefois dépouillé leur férocité pour remplir de semblables offices de pitié. Seigneur, puissiez-vous être plus heureux que cette action ne le mérite! Et toi, pauvre petite, condamnée à périr, que la bénédiction du ciel, se déclarant contre cette cruauté, combatte pour toi!

(Il sort, emportant l'enfant.)

LÉONTES.—Non, je ne veux point élever la progéniture d'un autre.

(Entre un serviteur.)

LE SERVITEUR.—Sous le bon plaisir de Votre Majesté, les députés que vous avez envoyés consulter l'oracle sont revenus depuis une heure. Cléomène et Dion sont arrivés heureusement de Delphes; ils sont tous les deux débarqués, et ils se hâtent pour arriver à la cour.

UN SEIGNEUR.—Vous conviendrez, seigneur, qu'ils ont fait une incroyable diligence.

LÉONTES.—Il y a vingt-trois jours qu'ils sont absents; c'est une grande célérité; elle nous présage que le grand Apollon aura voulu manifester sur-le-champ la vérité. Préparez-vous, seigneurs; convoquez un conseil où nous puissions faire paraître notre déloyale épouse; car, comme elle a été accusée publiquement, son procès se fera publiquement et avec justice. Tant qu'elle respirera, mon coeur sera pour moi un fardeau. Laissez-moi, et songez à exécuter mes ordres.

(Tous sortent.)

FIN DU DEUXIÈME ACTE.

ACTE TROISIÈME

SCÈNE I

Une rue d'une ville de Sicile.

Entrent CLÉOMÈNE ET DION.

CLÉOMÈNE.—Le climat est pur, l'air est très-doux; l'île est fertile, et le temple surpasse de beaucoup les récits qu'on en fait communément.

DION.—Moi, je citerai, car c'est ce qui m'a ravi surtout, les célestes vêtements (c'est le nom que je crois devoir leur donner) et la vénérable majesté des prêtres qui les portent.—Et le sacrifice! quelle pompe, quelle solennité dans l'offrande! Il n'y avait rien de terrestre.

CLÉOMÈNE.—Mais, par-dessus tout, le soudain éclat et la voix assourdissante de l'oracle, qui ressemblait au tonnerre de Jupiter; mes sens en ont été si étonnés que j'étais anéanti.

DION.—Si l'issue de notre voyage se termine aussi heureusement pour la reine (et que les dieux le veuillent!) qu'il a été favorable, agréable et rapide pour nous, le temps que nous y avons mis nous est bien payé par son emploi.

CLÉOMÈNE.—Grand Apollon, dirige tout pour le bien! Je n'aime point ces proclamations qui cherchent des torts à Hermione.

DION.—La rigueur même de cette procédure manifestera l'innocence ou terminera l'affaire. Quand une fois l'oracle, ainsi muni du sceau du grand-prêtre d'Apollon, découvrira ce qu'il renferme, il se révélera quelque secret extraordinaire à la connaissance publique.—Allons, des chevaux frais, et que la fin soit favorable!

SCÈNE II

Une cour de justice.

LÉONTES, *des* SEIGNEURS *et des* OFFICIERS *siégeant selon leur rang.*

LÉONTES.—Cette cour assemblée, nous le déclarons à notre grand regret, porte un coup cruel à notre coeur. L'accusée est la fille d'un roi, notre femme, et une femme trop chérie de nous.—Soyons enfin justifiés du reproche de tyrannie par la publicité que nous donnons à cette procédure: la justice aura son cours régulier, soit pour la conviction du crime, soit pour son acquittement.—Faites avancer la prisonnière.

UN OFFICIER DE JUSTICE.—C'est la volonté de Sa Majesté que la reine comparaisse en personne devant cette cour.—Silence!

(Hermione est amenée dans la salle du tribunal par des gardes; Pauline et ses femmes l'accompagnent.)

LÉONTES.—Lisez les chefs d'accusation.

UN OFFICIER *lit à haute voix.*—*Hermione, épouse de l'illustre Léontes, roi de Sicile, tu es ici citée et accusée de haute trahison comme ayant*

42

commis adultère avec Polixène, roi de Bohême, et conspiré avec Camillo
pour ôter la vie à notre souverain seigneur, ton royal époux: et ce
complot étant en partie découvert par les circonstances, toi, Hermione,
au mépris de la foi et de l'obéissance d'un fidèle sujet, tu leur as
conseillé, pour leur sûreté, de s'évader pendant la nuit, et tu as favorisé
leur évasion.

HERMIONE.—Tout ce que j'ai à dire tendant nécessairement à nier les faits dont je suis accusée, et n'ayant d'autre témoignage à produire en ma faveur que celui qui sort de ma bouche, il ne me servira guère de répondre *non coupable*; ma vertu n'étant réputée que fausseté, l'affirmation que j'en ferais serait reçue de même. Mais si les puissances du ciel voient les actions humaines (comme elles le font), je ne doute pas alors que l'innocence ne fasse rougir ces fausses accusations et que la tyrannie ne tremble devant la patience.—(*Au roi.*) Vous, seigneur, vous savez mieux que personne (vous qui voulez feindre de l'ignorer) que toute ma vie passée a été aussi réservée, aussi chaste, aussi fidèle que je suis malheureuse maintenant, et je le suis plus que l'histoire n'en donne d'exemple, quand même on inventerait et qu'on jouerait cette tragédie pour attirer des spectateurs. Car, considérez-moi,—compagne de la couche d'un roi, possédant la moitié d'un trône, fille d'un grand monarque, mère d'un prince de la plus grande espérance, amenée ici pour parler et discourir pour sauver ma vie et mon honneur devant tous ceux à qui il plaît de venir me voir et m'entendre. Quant à la vie, je la tiens pour être une douleur que je voudrais abréger; mais l'honneur, il doit se transmettre de moi à mes enfants, et, c'est lui seul que je veux défendre. J'en appelle à votre propre conscience, seigneur, pour dire combien j'étais dans vos bonnes grâces avant que Polixène vînt à votre cour, et combien je le méritais. Et depuis qu'il y est venu, par quel commerce illicite me suis-je écartée de mon devoir pour mériter de paraître ici? Si jamais j'ai franchi d'un seul pas les bornes de l'honneur, si j'ai penché de ce côté en action ou en volonté, que les coeurs de tous ceux qui m'entendent s'endurcissent, et que mon plus proche parent s'écrie: Opprobre sur son tombeau!

LÉONTES.—Je n'ai jamais ouï dire encore qu'aucun de ces vices effrontés eût moins d'impudence pour nier ce qu'il avait fait que pour le commettre d'abord.

HERMIONE.—Cela est assez vrai, mais c'est une maxime dont je ne mérite pas l'application, seigneur.

LÉONTES.—Vous ne l'avouerez pas.

HERMIONE.—Je ne dois rien avouer de plus que ce qui peut m'être personnel dans ce qu'on m'impute à crime. Quant à Polixène (qui est le complice qu'on me donne), je confesse que je l'ai aimé en tout honneur, autant qu'il le désirait lui-même, de l'espèce d'affection qui pouvait convenir à une dame comme moi, de cette affection et non point d'une autre, que vous m'aviez commandée vous-même. Et si je ne l'eusse pas fait, je croirais m'être rendue coupable à la fois de désobéissance et d'ingratitude envers vous et envers votre ami, dont l'amitié avait, du moment où elle avait pu s'exprimer par la parole, dès l'enfance, déclaré qu'elle vous était dévouée. Quant à la conspiration, je ne sais point quel goût elle a, bien qu'on me la présente comme un plat dont je dois goûter; tout ce que j'en sais, c'est que Camillo était un honnête homme; quant au motif qui lui a fait quitter votre cour, si les dieux n'en savent pas plus que moi, ils l'ignorent.

LÉONTES.—Vous avez su son départ, comme vous savez ce que vous étiez chargée de faire en son absence.

HERMIONE.—Seigneur, vous parlez un langage que je n'entends point; ma vie dépend de vos rêves, et je vous l'abandonne.

LÉONTES.—Mes rêves sont vos actions: vous avez eu un enfant bâtard de Prolixène, et je n'ai fait que le rêver? Comme vous avez passé toute honte (et c'est l'ordinaire de celles de votre espèce), vous avez aussi passé toute vérité. Il vous importe davantage de le nier, mais cela ne vous sert de rien; car de même que votre enfant a été proscrit, comme il le devait être, n'ayant point de père qui le reconnût (ce qui est plus votre crime que le sien), de même vous sentirez notre justice, et n'attendez de sa plus grande douceur rien moins que la mort.

HERMIONE.—Seigneur, épargnez vos menaces. Ce fantôme dont vous voulez m'épouvanter, je le cherche. La vie ne peut m'être d'aucun avantage: la couronne et la joie de ma vie, votre affection, je la regarde comme perdue: car je sens qu'elle est partie, quoique je ne sache pas comment elle a pu me quitter. Ma seconde consolation était mon fils, le premier fruit de mon sein: je suis bannie de sa présence, comme si j'étais attaquée d'un mal contagieux. Ma troisième consolation, née sous une malheureuse étoile, elle a été arrachée de mon sein dont le lait innocent coulait dans sa bouche innocente, pour être traînée à la mort. Moi-même, j'ai été affichée sous le nom de prostituée sur tous les poteaux: par une haine indécente, on m'a refusé jusqu'au privilége des couches, qui appartient aux femmes de toute classe. Enfin, je me suis vue traînée dans ce lieu en plein air, avant d'avoir recouvré les forces nécessaires. A présent, seigneur, dites-moi de quels biens je jouis dans la vie, pour craindre de mourir? Ainsi, poursuivez; mais écoutez encore ces mots: ne vous méprenez pas à mes paroles.—Non; pour la vie, je n'en fais pas plus de cas que d'un fétu.—Mais pour mon honneur (que je voudrais justifier), si je suis condamnée sur des soupçons, sans le secours d'autres preuves que celles qu'éveille votre jalousie, je vous déclare que c'est de la rigueur, et non de la justice. Seigneur, je m'en rapporte à l'oracle: qu'Apollon soit mon juge.

UN DES SEIGNEURS, *à la reine*.—Cette requête, de votre part, madame, est tout à fait juste; ainsi qu'on produise, au nom d'Apollon, l'oracle qu'il a prononcé.

(Quelques-uns des officiers sortent.)

HERMIONE.—L'empereur de Russie était mon père; ah! s'il vivait encore, et qu'il vît ici sa fille accusée! Je voudrais qu'il pût voir seulement la profondeur de ma misère; mais pourtant avec des yeux de pitié et non de vengeance!

(Quelques officiers rentrent avec Dion et Cléomène.)

UN OFFICIER.—Cléomène, et vous, Dion, vous allez jurer, sur l'épée de la justice, que vous avez été tous deux à Delphes; que vous en avez rapporté cet oracle, scellé et à vous remis par la main du grand-prêtre d'Apollon; et que, depuis ce moment, vous n'avez pas eu l'audace de briser le sceau sacré, ni de lire les secrets qu'il couvre.

CLÉOMÈNE ET DION.—Nous jurons tout cela.

LÉONTES.—Brisez le sceau et lisez.

L'OFFICIER *rompt le sceau et lit.*—«Hermione est chaste, Polixène est sans reproche, Camillo est un sujet fidèle, Léontes un tyran jaloux, son innocente enfant un fruit légitime; et le roi vivra sans héritier, si ce qui est perdu ne se retrouve pas.»

TOUS LES SEIGNEURS *s'écrient.*—Loué soit le grand Apollon!

HERMIONE.—Qu'il soit loué!

LÉONTES, *à l'officier.*—As-tu lu la vérité?

L'OFFICIER.—Oui, seigneur, telle qu'elle est ici couchée par écrit.

LÉONTES.—Il n'y a pas un mot de vérité dans tout cet oracle: le procès continuera; tout cela est pure fausseté.

(Un page entre avec précipitation.)

LE PAGE.—Mon seigneur le roi, le roi!

LÉONTES.—De quoi s'agit-il?

LE PAGE.—Ah! seigneur, vous allez me haïr pour la nouvelle que j'apporte. Le prince, votre fils, par l'idée seule et par la crainte du jugement de la reine, est parti[12].

Note 12: (retour)

C'est le *vixit* des Latins.

LÉONTES.—Comment, parti?

LE PAGE.—Est mort.

LÉONTES.—Apollon est courroucé, et le ciel même se
mon injustice.—Eh! qu'a-t-elle donc?

(La reine s'évanouit.)

PAULINE.—Cette nouvelle est mortelle pour la reine.—A ⌒⌒⌒ vos
regards, et voyez ce que fait la mort.

LÉONTES.—Emmenez-la d'ici; son coeur n'est qu'accablé, elle
reviendra à elle.—J'en ai trop cru mes propres soupçons. Je vous en
conjure, administrez-lui avec tendresse quelques remèdes qui la
ramènent à la vie.—Apollon, pardonne à ma sacrilége profanation de ton
oracle! (*Pauline et les dames emportent Hermione.*) Je veux me
réconcilier avec Polixène; je veux faire de nouveau ma cour à ma reine;
rappeler l'honnête Camillo, que je déclare être un homme d'honneur, et
d'une âme généreuse; car, poussé par ma jalousie à des idées de
vengeance et de meurtre, j'ai choisi Camillo pour en être l'instrument, et
pour empoisonner mon ami Polixène; ce qui aurait été fait, si l'âme
vertueuse de Camillo n'avait mis des retards à l'exécution de ma rapide
volonté. Quoique je l'eusse menacé de la mort s'il ne le faisait pas, et
encouragé par l'appât de la récompense s'il le faisait, lui, plein d'humanité
et d'honneur, est allé dévoiler mon projet à mon royal hôte; il a
abandonné tous les biens qu'il possède ici, que vous savez être
considérables, et il s'est livré aux malheurs certains de toutes les
incertitudes, sans autres richesses que son honneur.—Oh! comme il brille
à travers ma rouille! combien sa piété fait ressortir la noirceur de mes
actions!

(Pauline revient.)

PAULINE.—Ah! coupez mon lacet, ou mon coeur va le rompre en se
brisant!

UN DES SEIGNEURS.—D'où vient ce transport, bonne dame?

PAULINE, *au roi.*—Tyran, quels tourments étudiés as-tu en réserve pour
moi? Quelles roues, quelles tortures, quels bûchers? M'écorcheras-tu
vive, me brûleras-tu par le plomb fondu ou l'huile bouillante?... Parle,

٭ supplice ancien ou nouveau me faut-il subir, moi, dont chaque mot mérite tout ce que ta fureur peut te suggérer de plus cruel? Ta tyrannie travaillant de concert avec la jalousie... Des chimères, trop vaines pour des petits garçons, trop absurdes et trop oiseuses pour des petites filles de neuf ans! Ah! réfléchis à ce qu'elles ont produit, et alors deviens fou en effet; oui, frénétique; car toutes tes folies passées n'étaient rien auprès de la dernière. C'est peu que tu aies trahi Polixène, et montré une âme inconstante, d'une ingratitude damnable; c'est peu encore que tu aies voulu empoisonner l'honneur du vertueux Camillo, en voulant le déterminer au meurtre d'un roi: ce ne sont là que des fautes légères auprès des forfaits monstrueux qui les suivent, et encore je ne compte pour rien, ou pour peu, d'avoir jeté aux corbeaux ta petite fille, quoiqu'un démon eût versé des larmes au milieu du feu avant d'en faire autant; et je ne t'impute pas non plus directement la mort du jeune prince, dont les sentiments d'honneur, sentiments élevés pour un âge si tendre, ont brisé le coeur qui comprenait qu'un père grossier et imbécile diffamait sa gracieuse mère; non, ce n'est pas tout cela dont tu as à répondre, mais la dernière horreur,—ô seigneurs, quand je l'aurai annoncée, criez tous: malheur!—La reine, la reine, la plus tendre, la plus aimable des femmes, est morte; et la vengeance du ciel ne tombe pas encore!

UN SEIGNEUR.—Que les puissances suprêmes nous en préservent!

PAULINE.—Je vous dis qu'elle est morte, j'en ferai serment, et si mes paroles et mes serments ne vous persuadent pas, allez et voyez, si vous parvenez à ramener la plus légère couleur sur ses lèvres, le moindre éclat dans ses yeux, la moindre chaleur à l'extérieur, ou la respiration à l'intérieur, je vous servirai comme je servirais les dieux. Mais toi, tyran, ne te repens point de ces forfaits; ils sont trop au-dessus de tous tes remords; abandonne-toi au seul désespoir. Quand tu ferais mille prières à genoux, pendant dix mille années, nu, jeûnant sur une montagne stérile, où un éternel hiver enfanterait d'éternels orages, tu ne pourrais pas amener les dieux à jeter un seul regard sur toi.

LÉONTES.—Poursuis, poursuis; tu ne peux en trop dire, j'ai mérité que toutes les langues m'accablent des plus amers reproches.

UN SEIGNEUR, *à Pauline*.—N'ajoutez rien de plus; quel que soit l'événement, vous avez fait une faute, en vous permettant la hardiesse de ces discours.

PAULINE.—J'en suis fâchée; je sais me repentir des fautes que j'ai faites, quand on vient à me les faire connaître. Hélas! j'ai trop montré la témérité d'une femme; il est blessé dans son noble coeur. (*Au roi.*) Ce qui est passé, et sans remède, ne doit plus être une cause de chagrin; ne vous affligez point de mes reproches. Punissez-moi plutôt de vous avoir rappelé ce que vous deviez oublier.—Mon cher souverain, sire, mon royal seigneur, pardonnez à une femme insensée; c'est l'amour que je portais à votre reine.—Allons, me voilà folle encore!—Je ne veux plus vous parler d'elle, ni de vos enfants; je ne vous rappellerai point le souvenir de mon seigneur, qui est perdu aussi. Recueillez toute votre patience, je ne dirai plus rien.

LÉONTES.—Tu as bien parlé, puisque tu ne m'as dit que la vérité; je la reçois mieux que je ne recevrais ta pitié. Je t'en prie, conduis-moi vers les cadavres de ma reine et de mon fils; un seul tombeau les enfermera tous deux, et les causes de leur mort y seront inscrites, à ma honte éternelle. Une fois le jour, j'irai visiter la chapelle où ils reposeront, et mon plaisir sera d'y verser des larmes. Je fais voeu de consacrer mes jours à ce devoir, aussi longtemps que la nature voudra m'en donner la force.— Venez, conduisez-moi vers les objets de ma douleur.

(Ils sortent.)

SCÈNE III

Un désert de la Bohême voisin de la mer.

ANTIGONE *portant l'enfant, et un* MATELOT.

ANTIGONE.—Tu es donc bien sûr que notre vaisseau a touché les côtes désertes de la Bohême?

LE MARINIER.—Oui, seigneur, et j'ai bien peur que nous n'y ayons débarqué dans un mauvais moment; le ciel a l'air courroucé et nous menace de violentes rafales. Sur ma conscience, les dieux sont irrités de notre entreprise et nous témoignent leur colère.

ANTIGONE.—Que leurs saintes volontés s'accomplissent! Va, retourne à bord, veille sur ta barque, je ne serai pas longtemps à t'aller rejoindre.

LE MARINIER.—Hâtez-vous le plus possible, et ne vous avancez pas trop loin dans les terres; nous aurons probablement du mauvais temps: d'ailleurs, le désert est fameux par les animaux féroces dont il est infesté.

ANTIGONE.—Va toujours: je vais te suivre dans un moment.

LE MARINIER.—Je suis bien joyeux d'être ainsi débarrassé de cette affaire.

(Il sort.)

ANTIGONE.—Viens, pauvre enfant.—J'ai ouï dire (mais sans y croire) que les âmes des morts revenaient quelquefois; si cela est possible, ta mère m'a apparu la nuit dernière: car jamais rêve ne ressembla autant à la veille. Je vois s'avancer à moi une femme, la tête penchée tantôt d'un côté, tantôt de l'autre. Jamais je n'ai vu objet si rempli de douleur et conservant tant de noblesse: vêtue d'une robe d'une blancheur éclatante comme la sainteté même, elle s'est approchée de la cabine où j'étais couché: trois fois elle s'est inclinée devant moi, et sa bouche s'ouvrant pour parler, ses yeux sont devenus deux ruisseaux de larmes: après ce torrent de pleurs, elle a rompu le silence par ces mots: «Vertueux Antigone, puisque la destinée, faisant violence à tes bons sentiments, t'a choisi pour être chargé d'exposer mon pauvre enfant, d'après ton serment, la Bohême t'offre des déserts assez éloignés: pleures-y et abandonne mon enfant au milieu de ses cris; et comme cet enfant est réputé perdu pour toujours, appelle-la, je t'en conjure, du nom de Perdita. Et toi, pour ce barbare ministère qui t'a été imposé par mon époux, tu ne reverras jamais ta femme Pauline.»—Et à ces mots, poussant un cri aigu, elle s'est évanouie dans l'air. Très-effrayé, je me suis remis avec le temps, et je suis resté persuadé que c'était une réalité et non un songe. Les rêves sont des illusions; et cependant pour cette fois je cède à la superstition et j'y crois. Je pense qu'Hermione a subi la mort; et qu'Apollon a voulu que cet

enfant, étant en vérité la progéniture de Polixène, f
vivre, ou pour y périr, sur les terres de son véritable
fleur, puisses-tu prospérer ici! Repose là, voici ta d
ceci (*Il dépose auprès d'elle un coffre rempli de*
pourra, s'il plaît à la fortune, servir à t'élever,
cependant rester en ta possession.—La tempête comr
infortunée, qui, pour la faute de ta mère, est ainsi exposée à l'abandon, et
à tout ce qui peut s'ensuivre.—Je ne puis pleurer, mais mon coeur saigne.
Je suis maudit d'être forcé à cela par mon serment.—Adieu!—Le jour
s'obscurcit de plus en plus: tu as bien l'air d'avoir une affreuse tempête
pour te bercer: jamais je n'ai vu le ciel si sombre en plein jour. Quels sont
ces cris sauvages? Pourvu que je puisse regagner la barque. Voilà la
chasse.—Allons, je te quitte pour jamais.

(Il fuit, poursuivi par un ours.)

(Un vieux berger s'avance près des lieux où est l'enfant.)

LE BERGER.—Je voudrais qu'il n'y eût point d'âge entre dix et vingt-
trois ans, ou que la jeunesse dormît tout le reste du temps dans
l'intervalle: car on ne fait autre chose dans l'intervalle que donner des
enfants aux filles, insulter des vieillards, piller et se battre. Écoutez donc!
Qui pourrait, sinon des cerveaux brûlés de dix-neuf et de vingt-deux ans
chasser par le temps qu'il fait? Ils m'ont fait égarer deux de mes
meilleures brebis, et je crains bien que le loup ne les trouve avant leur
maître; si elles sont quelque part, ce doit être sur le bord de la mer, où
elles broutent du lierre. Bonne Fortune, si tu voulais... Qu'avons-nous
ici? (*Ramassant l'enfant.*) Merci de nous, un enfant, un joli petit enfant!
Je m'étonne si c'est un garçon ou une fille?... Une jolie petite fille, une
très-jolie petite fille; oh! sûrement c'est quelque escapade; quoique je
n'aie pas étudié dans les livres, cependant je sais lire les traces d'une
femme de chambre en aventure. C'est quelque oeuvre consommée sur
l'escalier, ou sur un coffre, ou derrière la porte. Ceux qui l'ont fait avaient
plus chaud que cette pauvre petite malheureuse n'a ici; je veux la
recueillir par pitié; cependant j'attendrai que mon fils vienne; il criait il
n'y a qu'un moment: holà, ho! holà!

(Entre le fils du berger.)

LE FILS.—Ho! ho!

LE BERGER.—Quoi, tu étais si près? Si tu veux voir une chose dont on parlera encore quand tu seras mort et réduit en poussière, viens ici. Qu'est-ce donc qui te trouble, mon garçon?

LE FILS.—Ah! j'ai vu deux choses, sur la mer et sur terre, mais je ne puis dire que ce soit une mer; car c'est le ciel à l'heure qu'il est, et entre la mer et le firmament, vous ne pourriez pas passer la pointe d'une aiguille.

LE BERGER.—Quoi! mon garçon, qu'est-ce que c'est?

LE FILS.—Je voudrais que vous eussiez vu seulement comme elle écume, comme elle fait rage, comme elle creuse ses rivages; mais ce n'est pas là ce que je veux dire. Oh! quel pitoyable cri de ces pauvres malheureux! qu'il était affreux de les voir, et puis de ne plus les voir; tantôt le vaisseau allait percer la lune avec son grand mât, et retombait aussitôt englouti dans les flots d'écume, comme si vous jetiez un morceau de liége dans un tonneau... Et puis ce que j'ai vu sur la terre! comme l'ours a dépouillé l'os de son épaule, comme il me criait *au secours!* en disant que son nom était Antigone, un grand seigneur.—Mais pour finir du navire, il fallait voir comme la mer l'a avalé; mais surtout comme les pauvres gens hurlaient et comme la mer se moquait d'eux.— Et comme le pauvre gentilhomme hurlait, et l'ours se moquait de lui, et tous deux hurlaient plus haut que la mer ou la tempête.

LE BERGER.—Miséricorde! quand donc as-tu vu cela, mon fils?

LE FILS.—Tout à l'heure, tout à l'heure: il n'y a pas un clin d'oeil que j'ai vu ces choses. Les malheureux ne sont pas encore froids sous l'eau, et l'ours n'a pas encore à moitié dîné de la chair du gentilhomme: il l'achève à présent.

LE BERGER.—Je voudrais bien avoir été là, pour secourir le pauvre vieillard.

LE FILS, *à part.*—Et moi, je voudrais que vous eussiez été près du navire pour le secourir. Votre charité n'aurait pas tenu pied.

LE BERGER.—C'est terrible!—Mais regarde ici, mon garçon, maintenant, bénis ta bonne fortune; toi, tu as rencontré des mourants, et moi des nouveau-nés. Voilà qui vaut la peine d'être vu: vois-tu, c'est le manteau d'un enfant de gentilhomme! Regarde ici, ramasse, mon fils, ramasse, ouvre-le. Ah! voyons.—On m'a prédit que je serais enrichi par les fées; c'est quelque enfant changé par elles.—Ouvre ce paquet: qu'y a-t-il dedans, garçon?

LE FILS.—Vous êtes un vieux tiré d'affaire; si les péchés de votre jeunesse vous sont pardonnés, vous êtes sûr de bien vivre. De l'or, tout or!

LE BERGER.—C'est de l'or dès fées; et cela se verra bien; ramasse-le vite, cache-le; et cours, cours chez nous par le plus court chemin. Nous avons du bonheur, mon garçon, et pour l'être toujours il ne nous faut que du secret.—Que mes brebis aillent où elles voudront.—Viens, mon cher enfant, viens chez nous par le plus court.

LE FILS.—Prenez, vous, le chemin le plus court avec ce que vous avez trouvé; moi, je vais voir si l'ours a laissé là le gentilhomme, et combien il en a dévoré. Les ours ne sont jamais féroces que quand ils ont faim; s'il en a laissé quelque chose, je l'ensevelirai.

LE BERGER.—C'est une bonne action: si tu peux reconnaître par ce qui restera de lui quel homme c'était, viens me chercher pour me le faire voir.

LE FILS.—Oui, je le ferai, et vous m'aiderez à l'enterrer.

LE BERGER.—Voilà un heureux jour, mon garçon, et nous ferons de bonnes actions avec ceci.

(Ils sortent.)

FIN DU TROISIÈME ACTE.

ACTE QUATRIÈME

LE TEMPS, *faisant le rôle d'un choeur.*

LE TEMPS.—Moi qui plais à quelques-uns, et qui éprouve tous les hommes, la joie des bons et la terreur des méchants; moi qui fais et détruis l'erreur, en vertu de mon nom, je prends sur moi de faire usage de mes ailes. Ne me faites pas un crime à moi, ni à la rapidité de mon vol, si je glisse sur l'espace de seize années, laissant ce vaste intervalle dans l'oubli: puisqu'il est en mon pouvoir de renverser les lois, et de créer et d'anéantir une coutume dans l'espace d'une des heures dont je suis le père, laissez-moi être encore ce que j'étais avant que les usages anciens ou modernes fussent établis. Je sers de témoin aux siècles qui les ont introduits, et j'en servirai de même aux coutumes les plus nouvelles qui règnent de nos jours; je mettrai hors de mode ce qui brille maintenant, comme mon histoire le paraît à présent. Si votre indulgence me le permet, je retourne mon horloge, et j'avance mes scènes comme si vous eussiez dormi dans l'intervalle. Laissant Léontes, les effets de sa folle jalousie et le chagrin dont il est si accablé, qu'il s'enferme tout seul; imaginez, obligeants spectateurs, que je vais me rendre à présent dans la belle Bohême, et rappelez-vous que j'ai fait mention d'un fils du roi que je vous nomme maintenant Florizel; je me hâte aussi de vous parler de Perdita, qui a acquis des grâces merveilleuses. Je ne veux pas vous prédire ce qui lui arrive plus tard, mais que les nouvelles du Temps se développent peu à peu devant vous. La fille d'un berger, ce qui la concerne et ce qui s'ensuit, voilà ce que le Temps va présenter à votre attention. Accordez-moi cela, si vous avez quelquefois plus mal employé votre temps; sinon, le Temps lui-même vous dit qu'il vous souhaite sincèrement de ne jamais l'employer plus mal.

(Il sort.)

SCÈNE I

Appartement dans le palais.

Entrent POLIXÈNE ET CAMILLO.

POLIXÈNE.—Je te prie, cher Camillo, ne m'importune pas davantage; c'est pour moi une maladie de te refuser quelque chose; mais ce serait une mort de t'accorder cette demande.

CAMILLO.—Il y a seize années que je n'ai revu mon pays. Je désire y reposer mes os, quoique j'aie respiré un air étranger pendant la plus grande partie de ma vie. D'ailleurs, le roi repentant, mon maître, m'a envoyé demander: je pourrais apporter quelque soulagement à ses cruels chagrins, ou du moins j'ai la présomption de le croire; ce qui est un second aiguillon qui me pousse à partir.

POLIXÈNE.—Si tu m'aimes, Camillo, n'efface pas tous tes services passés, en me quittant à présent: le besoin que j'ai de toi, c'est ta propre vertu qui l'a fait naître; il valait mieux ne te posséder jamais que de te perdre ainsi: tu m'as commencé des entreprises que personne n'est en état de bien conduire sans toi: tu dois ou rester pour les mener toi-même jusqu'à leur entière exécution, ou emporter avec toi tous les services que tu m'as rendus. Si je ne les ai pas assez récompensés, et je ne puis trop les récompenser, mon étude désormais sera de t'en prouver mieux ma reconnaissance, et j'en recueillerai encore l'avantage d'augmenter notre amitié. Je te prie, ne me parle plus de ce fatal pays de Sicile, dont le nom seul me rappelle avec douleur le souvenir de mon frère, avec lequel je suis réconcilié, de ce roi repentant, comme tu le nommes, et pour lequel on doit même à présent déplorer comme de nouveau la perte qu'il a faite de ses enfants et de la plus vertueuse des reines.—Dis-moi, quand as-tu vu le prince Florizel, mon fils? Les rois ne sont pas moins malheureux d'avoir des enfants indignes d'eux que de les perdre lorsqu'ils ont éprouvé leurs vertus.

CAMILLO.—Seigneur, il y a trois jours que j'ai vu le prince: quelles peuvent être ses heureuses occupations, c'est ce que j'ignore; mais j'ai remarqué parfois que, depuis quelque temps il est fort retiré de la cour, et qu'on le voit moins assidu que par le passé aux exercices de son rang.

POLIXÈNE.—J'ai fait la même remarque que vous, Camillo, et avec quelque attention: au point que j'ai des yeux à mon service qui veillent sur son éloignement de la cour; et j'ai été informé qu'il est presque toujours dans la maison d'un berger des plus simples, un homme qui, dit-on, d'un état de néant, est parvenu, par des moyens que ne peuvent concevoir ses voisins, à une fortune incalculable.

CAMILLO.—J'ai entendu parler de cet homme, seigneur; il a une fille des plus rares: sa réputation s'étend au delà de ce qu'on peut attendre, en la voyant sortir d'une semblable chaumière.

POLIXÈNE.—C'est là aussi une partie de ce qu'on m'a rapporté. Mais je crains l'appât qui attire là notre fils. Il faut que tu m'accompagnes en ce lieu: je veux aller, sans nous faire connaître, causer un peu avec ce berger, et le questionner: il ne doit pas être bien difficile, je pense, de tirer de la simplicité de ce paysan le motif qui attire ainsi mon fils chez lui. Je t'en prie, sois de moitié avec moi dans cette affaire, et bannis toute idée de la Sicile.

CAMILLO.—J'obéis volontiers à vos ordres.

POLIXÈNE.—Mon bon Camillo!—Il faut aller nous déguiser.

(Ils sortent.)

SCÈNE II

Un chemin près de la chaumière du berger.

AUTOLYCUS *entre en chantant.*

Quand les narcisses commencent à se montrer,
Oh! eh! la jeune fille danse dans les vallons:
Alors commence la plus douce saison de l'année.
Tout se colore dans les domaines de l'hiver[13].
La toile blanchit étendue sur la haie;
Oh! eh! les tendres oiseaux! comme ils chantent!

Cela aiguise mes dents voraces;
Un quart de bière est un mets de roi.
L'alouette joyeuse qui chante tira lira,
Eh! oh! oh! eh! la grive et le geai
Sont des chants d'été pour moi et pour mes tantes[14],
Lorsque nous nous roulons sur le foin.

Note 13: (retour)

Il y a sans doute ici une antithèse entre les mots *red* et *pale*, *rouge* et *pâle*: mais *pale*, par l'arrangement des mots, n'est pas adjectif comme l'a cru Letourneur, et veut dire le giron; *winter's pale*, le giron de l'hiver, les domaines de l'hiver.

Note 14: (retour)

Aunt, dans le jargon des mauvais lieux, voulait dire la maîtresse de la maison.

J'ai servi le prince Florizel, et dans mon temps j'ai porté du velours. Aujourd'hui je suis hors de service.

Mais irai-je me lamenter pour cela, ma chère?
La pâle lune luit pendant la nuit;
Et lorsque j'erre çà et là,
C'est alors que je vais le plus droit.
S'il est permis aux chaudronniers de vivre
Et de porter leur malle couverte de peau de cochon
Je puis bien rendre mes comptes
Et les certifier dans les ceps.

Mon trafic, c'est les draps. Là où le milan bâtit son nid, veillez sur votre menu linge. Mon père m'a nommé Autolycus; et étant, comme je le suis, entré dans ce monde sous la planète de Mercure, j'ai été destiné à escamoter des bagatelles de peu de valeur. C'est aux dés et aux femmes de mauvaise vie que je dois d'être ainsi caparaçonné, et mon revenu est la menue filouterie. Les gibets et les coups sur le grand chemin sont trop forts pour moi: être battu et pendu, c'est ma terreur; quant à la vie future, j'en perds la pensée en dormant. (*Apercevant le fils du berger.*) Une prise! une prise!

(Entre le fils du berger.)

LE BERGER.—Voyons, onze béliers donnent vingt-huit livres de laine: vingt-huit livres rapportent une livre et un schelling en sus: à présent, quinze cents toisons... à combien monte le tout?

AUTOLYCUS, *à part.*—Si le lacet tient, l'oison est à moi.

LE BERGER.—Je ne puis en venir à bout sans jetons.—Voyons: que vais-je acheter pour la fête de la tonte des moutons?—Trois livres de sucre, cinq livres de raisins secs, et du riz.—Qu'est-ce que ma soeur veut faire du riz?—Mais mon père l'a faite souveraine de la fête, et elle sait à quoi il est bon. Elle m'a fait vingt-quatre bouquets pour les tondeurs, tous chanteurs à trois parties, et de fort bons chanteurs: mais la plupart sont des ténors et des basses-tailles; il n'y a parmi eux qu'un puritain qui chante des psaumes sur des airs de bourrées. Il faut que j'aie du safran pour colorer des gâteaux, du macis, des dattes, point... je ne connais pas cela; des noix muscades, sept; une ou deux racines de gingembre; mais je pourrais demander cela. Quatre livres de pruneaux et autant de raisins séchés au soleil.

AUTOLYCUS, *poussant un gémissement et étendu sur la terre.*—Ah! faut-il que je sois né!

LE BERGER.—Merci de moi...

AUTOLYCUS.—Oh! à mon secours! à mon secours! Ôtez-moi ces haillons, et après, la mort, la mort!

LE BERGER.—Hélas! pauvre homme, tu aurais besoin d'autres haillons pour te couvrir, au lieu d'ôter ceux que tu as.

AUTOLYCUS.—Ah! monsieur, leur malpropreté me fait plus souffrir que les coups de fouet que j'ai reçus; et j'en ai pourtant reçu de bien rudes, et par millions.

LE BERGER.—Hélas! pauvre malheureux! un million de coups. C'est beaucoup de choses!

AUTOLYCUS.—Je suis volé, monsieur, et assommé. On m'a pris mon argent et mes habits, et l'on m'a affublé de ces détestables lambeaux.

LE BERGER.—Est-ce un homme à cheval, ou un homme à pied?

AUTOLYCUS.—Un homme à pied, mon cher monsieur, un homme à pied.

LE BERGER.—En effet, ce doit être un homme à pied, d'après les vêtements qu'il t'a laissés: si c'était là le manteau d'un homme à cheval, il a fait un rude service.—Prête-moi ta main, je t'aiderai à te relever; allons, prête-moi ta main.

(Il lui aide à se relever.)

AUTOLYCUS.—Ah! mon bon monsieur, doucement; ah!

LE BERGER.—Hélas! pauvre malheureux!

AUTOLYCUS.—Ah! monsieur! doucement, mon bon monsieur: j'ai peur, monsieur, d'avoir mon épaule démise.

LE BERGER.—Eh bien! peux-tu te tenir debout?

AUTOLYCUS.—Doucement, mon cher monsieur... (*Il met la main dans la poche du berger.*) Mon cher monsieur, doucement; vous m'avez rendu un service bien charitable.

LE BERGER.—Aurais-tu besoin de quelque argent? je peux t'en donner un peu.

AUTOLYCUS.—Non, mon cher monsieur, non, je vous en conjure, monsieur. J'ai un parent à moins de trois quarts de mille d'ici chez qui j'allais; je trouverai là de l'argent et tout ce dont j'aurai besoin: ne m'offrez point d'argent, monsieur, je vous en prie; cela me fend le coeur.

LE BERGER.—Quelle espèce d'homme était-ce que celui qui vous a dépouillé?

AUTOLYCUS.—Un homme, monsieur, que j'ai connu pour donner à jouer au trou-madame: je l'ai vu au service du prince; je ne saurais vous dire, mon bon monsieur, pour laquelle de ses vertus c'était; mais il a été fustigé et chassé de la cour.

LE BERGER.—Pour ses vices, voulez-vous dire? Il n'y a point de vertu chassée de la cour; on l'y choie assez pour l'engager à s'y établir, et cependant elle ne fera jamais qu'y séjourner en passant.

AUTOLYCUS.—Oui, monsieur, j'ai voulu dire *ses vices*; je connais bien cet homme-là; il a été depuis porteur de singes; ensuite, solliciteur de procès, huissier: ensuite, il a fabriqué des marionnettes de l'enfant prodigue, et il a épousé la femme d'un chaudronnier, à un mille du lieu où sont ma terre et mon bien; après avoir parcouru une multitude de professions malhonnêtes, il s'est établi dans le métier de coquin: quelques-uns l'appellent Autolycus.

LE BERGER.—Malédiction sur lui! c'est un filou, sur ma vie, c'est un filou: il hante les fêtes de village, les foires et les combats de l'ours.

AUTOLYCUS.—Justement, monsieur, c'est lui; monsieur, c'est lui; c'est ce coquin-là qui m'a accoutré comme vous me voyez.

LE BERGER.—Il n'y a pas de plus insigne poltron dans toute la Bohême. Si vous aviez seulement fait les gros yeux, ou que vous lui eussiez craché au visage, il se serait enfui.

AUTOLYCUS.—Il faut vous avouer, monsieur, que je ne suis pas un homme à me battre; de ce côté-là, je ne vaux rien du tout, et il le savait bien, je le garantirais.

LE BERGER.—Comment vous trouvez-vous à présent?

AUTOLYCUS.—Mon cher monsieur, beaucoup mieux que je n'étais; je puis me tenir sur mes jambes et marcher; je vais même prendre congé de vous, et m'acheminer tout doucement vers la demeure de mon parent.

LE BERGER.—Vous conduirai-je un bout de chemin?

AUTOLYCUS.—Non, mon bon monsieur; non, mon cher monsieur.

LE BERGER..—Alors portez-vous bien; il faut que j'aille acheter des épices pour notre fête de la tonte.

(Il sort.)

AUTOLYCUS *seul.*—Prospérez, mon cher monsieur.—Votre bourse n'est pas assez chaude à présent pour acheter vos épices. Je me trouverai aussi à votre fête de la tonte, je vous le promets. Si je ne fais pas succéder à cette filouterie un autre escamotage, et si des tondeurs je ne fais pas de vrais moutons, je consens à être effacé du registre, et que mon nom soit enregistré sur le livre de la probité.

Trotte, trotte par le sentier,
Un coeur joyeux va tout le jour;
Un coeur triste est las au bout d'un mille.

(Il s'en va.)

SCÈNE III

La cabane du berger.

Entrent FLORIZEL ET PERDITA.

FLORIZEL.—Cette parure inaccoutumée donne une nouvelle vie à chacun de vos charmes. Vous n'êtes point une bergère: c'est Flore, se laissant voir à l'entrée d'avril:—cette fête de la tonte me paraît une assemblée de demi-dieux, et vous en êtes la reine.

PERDITA.—Mon aimable prince, il ne me sied pas de blâmer vos éloges exagérés; ah! pardonnez, si j'en parle ainsi: vous, l'objet illustre des regards de la contrée, vous vous êtes éclipsé sous l'humble habit d'un berger; et moi, pauvre et simple fille, je suis parée comme une déesse. Si ce n'est que nos fêtes sont toujours marquées par la folie, et que les convives avalent tout par la coutume, je rougirais de vous voir dans cet appareil, et de me voir moi, dans le miroir: votre rang vous met à l'abri de la crainte.

FLORIZEL.—Je bénis le jour où mon bon faucon a pris son vol au travers des métairies de votre père.

PERDITA.—Veuille Jupiter vous en donner sujet: pour moi, la différence entre nous me remplit de terreurs. Votre Grandeur n'a pas été accoutumée à la crainte. Je tremble en ce moment même à la seule idée que votre père, conduit par quelque hasard, vienne à passer par ici, comme vous avez fait. O fatalité! De quel oeil verrait-il son noble ouvrage si pauvrement relié! Que dirait-il? ou comment soutiendrais-je moi, au milieu de mes splendeurs empruntées, le regard sévère de son auguste présence?

FLORIZEL.—Ne songez qu'au plaisir. Les dieux eux-mêmes, soumettant leur divinité à l'amour, ont emprunté la forme des animaux: Jupiter s'est métamorphosé en taureau, et a poussé des gémissements; le verdâtre Neptune est devenu bélier, et a fait entendre ses bêlements; et le dieu vêtu de feu, Apollon doré, s'est fait humble berger, tel que je parais être maintenant; jamais leurs métamorphoses n'eurent pour objet une plus rare beauté, ni des intentions aussi chastes. Mes désirs ne dépassent pas mon honneur, et mes sens ne sont pas plus ardents que ma bonne foi.

PERDITA.—Oui, mais, cher prince, votre résolution ne pourra tenir, quand une fois il lui faudra essuyer, comme cela est inévitable, toute l'opposition de la puissance du roi; et alors ce sera une alternative nécessaire, ou que vous changiez de dessein, ou que je cesse de vivre.

FLORIZEL.—Chère Perdita, je t'en conjure, n'assombris point, par ces réflexions forcées, la joie de la fête. Ou je serai à toi, ma belle, ou je ne serai plus à mon père; car je ne puis être à moi, ni à personne, si je ne suis pas à toi. C'est à cela que je resterai fidèle, quand les destins diraient non! Sois tranquille et joyeuse; étouffe ces pensées importunes par tout ce que tu vas voir tout à l'heure. Voilà vos hôtes qui viennent; prenez un air gai, comme si c'était aujourd'hui le jour de la célébration de ces noces, que nous nous sommes tous deux juré d'accomplir un jour.

PERDITA.—O fortune, sois-nous favorable!

(Entrent le berger, son fils, Mopsa, Dorcas, valets, Polixène et Camillo déguisés.)

FLORIZEL, *à Perdita.*—Voyez: vos hôtes s'avancent; préparez-vous à les recevoir gaiement, et que nos visages soient colorés par l'allégresse.

LE BERGER, *à Perdita.*—Fi donc! ma fille. Quand ma vieille femme vivait, elle était, dans un jour comme celui-ci, le panetiers, l'échanson, le cuisinier, la maîtresse et la servante tout ensemble; elle accueillait tout le monde, chantait sa chanson et dansait à son tour: tantôt ici au haut bout de la table, et tantôt au milieu; sur l'épaule de celui-ci, sur l'épaule de celui-là; le visage en feu de fatigue; et la liqueur qu'elle prenait pour éteindre ses feux, elle en buvait un coup à la santé de chacun. Et vous, vous êtes à l'écart comme si vous étiez un de ceux qu'on fête, et non pas l'hôtesse de l'assemblée. Je vous en prie, souhaitez la bienvenue à ces amis qui nous sont inconnus: c'est le moyen de nous rendre plus amis et d'augmenter notre connaissance. Allons, qu'on m'efface ces rougeurs, et présentez-vous pour ce que vous êtes, pour la maîtresse de la fête; allons, et faites-leur vos remerciments de venir à votre fête de la tonte, si vous voulez que votre beau troupeau prospère.

PERDITA, *à Polixène et Camillo.*—Monsieur, soyez le bienvenu: c'est la volonté de mon père que je me charge de faire les honneurs de cette fête. (*A Camillo.*) Vous êtes le bienvenu, monsieur. (*A Dorcas.*) Donnemoi les fleurs que tu as là.—Respectable seigneur, voilà du romarin et de la rue pour vous: ces fleurs conservent leur aspect et leur odeur pendant tout l'hiver; que la grâce et le souvenir[15] soient votre partage; soyez les bienvenus à notre fête.

Note 15: (retour)

La rue était appelée l'herbe de grâce, et le romarin l'herbe du souvenir. On portait du romarin aux funérailles. On croyait jadis que cette plante fortifiait la mémoire.

POLIXÈNE.—Bergère, et vous êtes une charmante bergère, vous avez bien raison de nous présenter, à nos âges, des fleurs d'hiver.

PERDITA.—Monsieur, l'année commence à être ancienne.—A cette époque, où l'été n'est pas encore expiré, où l'hiver transi n'est pas né non plus, les plus belles fleurs de la saison sont nos oeillets et les giroflées rayées, que quelques-uns nomment les bâtardes de la nature; mais, pour cette dernière espèce, il n'en croît point dans notre jardin rustique, et je ne me soucie pas de m'en procurer des boutures.

POLIXÈNE.—Pourquoi, belle fille, les méprisez-vous ainsi?

PERDITA.—C'est que j'ai ouï-dire qu'il y a un art qui, pour les bigarrer, en partage l'ouvrage avec la grande créatrice, la nature.

POLIXÈNE.—Eh bien! quand cela serait, il est toujours vrai qu'il n'est point de moyen de perfectionner la nature sans que ce moyen soit encore l'ouvrage de la nature. Ainsi, au-dessus de cet art que vous dites ajouter à la nature, il est un art qu'elle crée: vous voyez, charmante fille, que tous les jours nous marions une tendre tige avec le tronc le plus sauvage, et que nous savons féconder l'écorce du plus vil arbuste par un bouton d'une race plus noble; ceci est un art que perfectionne la nature, qui la change plutôt: l'art lui-même est encore la nature.

PERDITA.—Cela est vrai.

POLIXÈNE.—Enrichissez donc votre jardin de giroflées, et ne les traitez plus de bâtardes.

PERDITA.—Je n'enfoncerai jamais le plantoir dans la terre pour y mettre une seule tige de leur espèce, pas plus que je ne voudrais, si j'étais peinte, que ce jeune homme me dît que c'est bien et qu'il ne désirât m'épouser que pour cela.—Voici des fleurs pour vous: la chaude lavande, la menthe, la sauge, la marjolaine et le souci, qui se couche avec le soleil et se lève avec lui en pleurant. Ce sont les fleurs de la mi-été, et je crois qu'on les donne aux hommes d'un certain âge. Vous êtes les très-bienvenus.

CAMILLO.—Si j'étais un de vos moutons, je cesserais de paître et je ne vivrais que du plaisir de vous contempler.

PERDITA.—Allons donc! Hélas! vous deviendriez bientôt si maigre que le souffle des vents de janvier vous traverserait de part en part. (*A Florizel.*) Et vous, mon bon ami, je voudrais bien avoir quelques fleurs de printemps qui pussent convenir à votre jeunesse; et pour vous aussi, bergères, qui portez encore votre virginité sur vos tiges vierges.—O Proserpine! que n'ai-je ici les fleurs que, dans ta frayeur, tu laissas tomber du char de Pluton! Les narcisses, qui viennent avant que l'hirondelle ose se montrer, et qui captivent les vents de mars par leur beauté; les violettes, sombres, mais plus douces que les yeux bleus de Junon ou que l'haleine de Cythérée; les pâles primevères, qui meurent vierges avant qu'elles puissent voir le brillant Phébus dans sa force, malheur trop ordinaire aux jeunes filles; les superbes jonquilles et l'impériale; les lis de toute espèce, et la fleur de lis en est une; oh! je suis dépourvue de toutes ces fleurs pour vous faire des guirlandes et pour vous en couvrir tout entier, vous, mon doux ami.

FLORIZEL.—Quoi! comme un cadavre?

PERDITA.—Non pas, mais comme un gazon sur lequel l'amour doit jouer et s'étendre; non comme un cadavre, ou du moins pour être enseveli vivant dans mes bras.—Allons, prenez vos fleurs; il me semble que je fais ici le rôle que j'ai vu faire dans les Pastorales de la Pentecôte: sûrement cette robe que je porte change mon humeur.

FLORIZEL.—Ce que vous faites vaut toujours mieux que ce que vous avez fait. Quand vous parlez, ma chère, je voudrais vous entendre parler toujours; si vous chantez, je voudrais vous entendre; vous voir vendre et acheter, donner l'aumône, prier, régler votre maison, et tout faire en chantant; quand vous dansez, je voudrais que vous fussiez une vague de la mer, afin que vous pussiez toujours continuer, vous mouvoir toujours, toujours ainsi, et ne jamais faire autre chose: votre manière de faire, toujours plus piquante dans chaque mouvement, relève tellement tout ce que vous faites, que toutes vos actions réunies sont celles d'une reine.

PERDITA.—O Doriclès! vos louanges sont trop fortes: si votre jeunesse et la pureté de votre sang, qui se montre franchement sur vos joues, ne vous annonçaient pas clairement pour un berger exempt de fraude, j'aurais raison de craindre, mon Doriclès, que vous ne me fissiez la cour avec des mensonges.

FLORIZEL.—Je crois que vous avez aussi peu de raison de le craindre, que je songe peu moi-même à vous en donner des motifs.—Mais allons, notre danse, je vous prie. Votre main, ma Perdita; ainsi s'unit un couple de tourterelles, résolues de ne jamais se séparer.

PERDITA.—Je le jure pour elles.

POLIXÈNE.—Voilà la plus jolie petite paysanne qui ait foulé le vert gazon: elle ne fait pas un geste, elle n'a pas un maintien qui ne respire quelque chose de plus relevé que sa condition: elle est trop noble pour ce lieu.

CAMILLO.—Il lui dit quelque chose qui lui fait monter la rougeur sur les joues: en vérité, c'est la reine du lait et de la crème.

LE FILS DU BERGER.—Allons, la musique, jouez.

DORCAS, *à part*.—Mopsa doit être votre maîtresse: et un peu d'ail, pour préservatif contre ses baisers.

MOPSA.—Allons en mesure.

LE FILS DU BERGER.—Pas un mot, pas un mot: il s'agit aujourd'hui d'avoir de bonnes manières.—Allons, jouez.

(On exécute ici une danse de bergers et de bergères.)

POLIXÈNE.—Bon berger, dites-moi, je vous prie, quel est ce jeune paysan qui danse avec votre fille?

LE BERGER.—On l'appelle Doriclès, et il se vante de posséder de riches pâturages; je ne le tiens que de lui, mais je le crois: il a l'air de la vérité. Il dit qu'il aime ma fille: je le crois aussi, car jamais la lune ne s'est mirée dans les eaux aussi longtemps qu'on le voit debout, et lisant, pour ainsi dire, dans les yeux de ma fille; et à parler franchement, je crois qu'à un demi-baiser près on ne saurait choisir lequel des deux aime le mieux l'autre.

POLIXÈNE.—Elle danse avec grâce.

LE BERGER.—Elle fait de même tout ce qu'elle fait, quoique je le dise, moi, qui devrais le taire. Si le jeune Doriclès se décidait pour elle, elle lui apporterait ce à quoi il ne songe guère.

LE VALET, *au fils du berger*.—Ah! maître, si vous aviez entendu le colporteur à la porte, vous ne voudriez plus danser au son du tambourin ni du chalumeau: non, la cornemuse ne vous ferait plus d'impression. Il chante plusieurs airs différents plus vite que vous ne compteriez l'argent; il les débite comme s'il avait mangé des ballades et que toutes les oreilles fussent ouvertes à ses airs.

LE FILS DU BERGER.—Il ne pouvait pas venir plus à propos. Il faut qu'il entre; moi, j'aime de passion les ballades, quand c'est une histoire lamentable chantée sur un air joyeux, ou une histoire bien plaisante chantée sur un ton lamentable.

LE VALET.—Il a des chansons pour l'homme ou la femme de toutes grandeurs. Il n'y a pas de marchande de modes qui puisse aussi bien accommoder de gants ses pratiques: il a les plus jolies chansons d'amour pour les jeunes filles, et sans aucune licence, ce qui est étrange; et avec de si charmants refrains, de *flon flon* et *lon lon la*, et *Tombe dessus, et puis pousse*[16]; et dans le cas où quelque vaurien à la bouche béante voudrait, comme qui dirait, y entendre malice et casser grossièrement les vitres, il fait répondre à la fille: *Finissez, ne me faites pas de mal, cher ami*. Elle s'en débarrasse et lui fait lâcher prise avec: *Finissez, ne me faites pas de mal, mon brave homme*[17].

Note 16: (retour)

Noms de chansons de rondes anciennes.

Note 17: (retour)

Autres titres de chansons.

POLIXÈNE.—Voilà un honnête garçon.

LE FILS DU BERGER.—Sur ma parole, tu parles d'un marchand bien ingénieux. A-t-il quelques marchandises fraîches?

LE VALET.—Il a des rubans de toutes les couleurs de l'arc-en-ciel, plus de pointes[18] que n'en pourraient employer les avocats de la Bohême quand ils tomberaient sur lui à la grosse[19], rubans de fil, cadis[20], batistes, linons, etc., et il met toute sa boutique en chansons comme si c'était autant de dieux et de déesses; vous croiriez qu'une chemise est un ange, il chante les poignets et toute la broderie du jabot.

Note 18: (retour)

Points, pointes et points.

Note 19: (retour)

By the grosse; si la traduction du mot est un peu hasardée, la pensée est juste.

Note 20: (retour)

Espèce de drap dont les Arlésiennes font encore des cotillons un peu lourds pour le climat.

LE FILS DU BERGER.—Je t'en prie, amène-le-nous, et qu'il s'avance en chantant.

PERDITA.—Avertissez-le d'avance de ne pas se servir de mots inconvenants dans ses airs.

LE FILS DU BERGER.—Vous avez de ces colporteurs qui sont tout autre chose que ce que vous pourriez croire, ma soeur.

PERDITA.—Oui, mon cher frère, ou que je n'ai envie de le savoir.

AUTOLYCUS *s'avance en chantant.*

Du linon aussi blanc que la neige,
Du crêpe noir comme le corbeau,
Des gants parfumés comme les roses de Damas,
Des masques pour la figure et pour le nez,
Des bracelets de verre, des colliers d'ambre,
Des parfums pour la chambre des dames,
Des coiffes dorées et des devants de corsages
Dont les garçons peuvent faire présent à leurs belles,
Des épingles et des agrafes d'acier,
Tout ce qu'il faut aux jeunes filles, des pieds à la tête.
Venez, achetez-moi; allons, venez acheter, venez acheter,
Achetez, jeunes gens, ou vos jeunes filles se plaindront.
Venez acheter, etc.

LE FILS DU BERGER.—Si je n'étais pas amoureux de Mopsa, tu n'aurais pas un sou de moi; mais, étant captivé comme je le suis, cela entraînera aussi la captivité de quelques rubans et de quelques paires de gants.

MOPSA.—On me les avait promis pour la fête, mais ils ne viendront pas encore trop tard à présent.

DORCAS.—Il vous a promis plus que cela, ou bien il y a des menteurs.

MOPSA.—Il vous a payé plus qu'il ne vous a promis, peut-être même davantage, et ce que vous rougiriez de lui rendre.

LE FILS DU BERGER.—Est-ce qu'il n'y a plus de retenue parmi nos jeunes filles? Porteront-elles leurs jupes là où on devrait voir leurs visages? N'avez-vous pas l'heure d'aller traire, celle de vous coucher ou d'aller au four pour éventer ces secrets, sans qu'il faille que vous veniez en jaser devant tous nos hôtes? Il est heureux qu'ils se parlent à l'oreille. Faites taire vos langues, et pas un mot de plus.

MOPSA.—J'ai fini. Allons, vous m'avez promis un joli lacet et une paire de gants parfumés.

LE FILS DU BERGER.—Ne vous ai-je pas dit comment on m'avait filouté en chemin et pris tout mon argent?

AUTOLYCUS.—Oh! oui, sûrement, monsieur, il y a des filous par les chemins, et il faut bien prendre garde à soi.

LE FILS DU BERGER.—N'aie pas peur, ami, tu ne perdras rien ici.

AUTOLYCUS.—Je l'espère bien, monsieur, car j'ai avec moi bien des paquets importants.

LE FILS DU BERGER.—Qu'as-tu là? des chansons?

MOPSA.—Oh! je t'en prie, achètes-en quelques-unes. J'aime une chanson imprimée à la fureur, car celles-là, nous savons qu'elles sont véritables.

AUTOLYCUS.—Tenez, en voilà une sur un air fort lamentable: comment la femme d'un usurier accoucha tout d'un coup de vingt sacs d'argent, et comment elle avait envie de manger des têtes de serpents et des crapauds grillés.

MOPSA.—Cela est-il vrai? le croyez-vous?

AUTOLYCUS.—Très-vrai, il n'y a pas un mois de cela.

DORCAS.—Les dieux me préservent d'épouser un usurier!

AUTOLYCUS.—Voilà le nom de la sage-femme au bas, une madame Porteconte; et il y avait cinq ou six honnêtes femmes qui étaient présentes. Pourquoi irais-je débiter des mensonges?

MOPSA, *au jeune berger*.—Oh! je t'en prie, achète-la.

LE FILS DU BERGER.—Allons, mets-la de côté, et voyons encore d'autres chansons; nous ferons les autres emplettes après.

AUTOLYCUS.—Voici une autre ballade d'un poisson qui se montra sur la côte, le mercredi quatre-vingts d'avril, à quarante mille brasses au-dessus de l'eau, et qui chanta cette ballade contre le coeur inflexible des filles. On a cru que c'était une femme qui avait été métamorphosée en poisson, pour ne pas avoir voulu aimer un homme amoureux d'elle: la ballade est vraiment touchante, et tout aussi vraie.

DORCAS.—Cela est vrai aussi? Le croyez-vous?

AUTOLYCUS.—Il y a le certificat de cinq juges de paix, et de témoins plus que n'en contiendrait ma balle.

LE JEUNE BERGER.—Mettez-la aussi de côté: une autre.

AUTOLYCUS.—Voici une chanson gaie, mais bien jolie.

MOPSA.—Ah! voyons quelques chansons gaies.

AUTOLYCUS.—Oh! c'est une chanson extrêmement gaie, et elle va sur l'air de: *Deux filles aimaient un amant*; il n'y a peut-être pas une fille dans la province qui ne la chante: on me la demande souvent, je puis vous dire.

MOPSA.—Nous pouvons la chanter tous deux; si vous voulez faire votre partie, vous allez entendre: elle est en trois parties.

DORCAS.—Nous avons eu cet air-là, il y a un mois.

AUTOLYCUS.—Je puis faire ma partie, vous savez que c'est mon métier: songez à bien faire la vôtre.

CHANSON.

AUTOLYCUS.—Sortez d'ici, car il faut que je m'en aille.—Où? c'est ce qu'il n'est pas bon que vous sachiez.

DORCAS.—Où?

MOPSA.—Où?

DORCAS.—Où?

MOPSA.—Vous devez, d'après votre serment, me dire tous vos secrets.

DORCAS.—Et à moi aussi; laissez-moi y aller.

MOPSA.—Tu vas à la grange, ou bien au moulin.

DORCAS.—Si tu vas à l'un ou à l'autre, tu as tort.

AUTOLYCUS.—Ni l'un ni l'autre.

DORCAS.—Comment! ni l'un ni l'autre?

AUTOLYCUS.—Ni l'un ni l'autre.

DORCAS.—Tu as juré d'être mon amant.

MOPSA.—Tu me l'as juré bien davantage. Ainsi, où vas-tu donc? Dis-moi, où?

LE FILS DU BERGER.—Nous chanterons tout à l'heure cette chanson à notre aise.—Mon père et nos hôtes sont en conversation sérieuse, et il ne faut pas les troubler; allons, apporte ta balle et suis-moi. Jeunes filles, j'achèterai pour vous deux.—Colporteur, ayons d'abord le premier choix.—Suivez-moi, mes belles.

AUTOLYCUS, *à part*.—Et vous payerez bien pour elles.

(Il chante.)

Voulez-vous acheter du ruban,
Ou de la dentelle pour votre pèlerine,
Ma jolie poulette, ma mignonne?
Ou de la soie, ou du fil,
Quelques jolis colifichets pour votre tête,
Des plus beaux, des plus nouveaux, des plus élégants?
Venez au colporteur;
L'argent est un touche à tout
Qui fait sortir les marchandises de tout le monde.

(Le jeune berger, Dorcas et Mopsa sortent ensemble pour choisir et acheter; Autolycus les suit.)

(Entre un valet.)

LE VALET.—Maître, il y a trois charretiers, trois bergers, trois chevriers, trois gardeurs de pourceaux qui se sont tous faits des hommes à poil: ils se nomment eux-mêmes des *saltières*[21], et ils ont une danse qui est, disent les filles, comme une galimafrée de gambades, parce qu'elles n'en sont pas; mais elles ont elles-mêmes dans l'idée qu'elle plaira infiniment, pourvu qu'elle ne soit pas trop rude pour ceux qui ne connaissent que le jeu de boules.

Note 21: (retour)

Saltières pour satyres.

LE BERGER.—Laisse-nous; nous ne voulons point de leur danse; on n'a déjà que trop folâtré ici.—Je sais, monsieur, que nous vous fatiguons.

POLIXÈNE.—Vous fatiguez ceux qui nous délassent; je vous prie, voyons ces quatre trios de gardeurs de troupeaux.

LE VALET.—Il y en a trois d'entre eux, monsieur, qui, suivant ce qu'ils racontent, ont dansé devant le roi; et le moins souple des trois ne saute pas moins de douze pieds et demi en carré.

LE BERGER.—Cesse ton babil; puisque cela plaît à ces honnêtes gens, qu'ils viennent; mais qu'ils se dépêchent.

LE VALET.—Hé! ils sont à la porte, mon maître.

(Ici les douze satyres paraissent et exécutent leur danse.)

POLIXÈNE, *à part*.—Oh! bon père, tu en sauras davantage dans la suite. —Cela n'a-t-il pas été trop loin?—Il est temps de les séparer.—Le bonhomme est simple, il en dit long.—(*A Florizel.*) Eh bien! beau berger, votre coeur est plein de quelque chose qui distrait votre âme du plaisir de la fête.—Vraiment, quand j'étais jeune et que je filais l'amour comme vous faites, j'avais coutume de charger ma belle de présents: j'aurais pillé le trésor de soie du colporteur, et l'aurais prodigué dans les mains de ma belle.—Vous l'avez laissé partir, et vous n'avez fait aucun marché avec lui. Si votre jeune fille allait l'interpréter mal, et prendre cet oubli pour un défaut d'amour ou de générosité, vous seriez fort embarrassé au moins pour la réponse, si vous tenez à conserver son attachement.

FLORIZEL.—Mon vieux monsieur, je sais qu'elle ne fait aucun cas de pareilles bagatelles. Les cadeaux qu'elle attend de moi sont emballés et enfermés dans mon coeur, dont je lui ai déjà fait don, mais que je ne lui ai pas encore livré. (*A Perdita.*) Ah! écoute-moi prononcer le voeu de ma vie devant ce vieillard, qui, à ce qu'il semble, aima jadis: je prends ta main, cette main aussi douce que le duvet de la colombe, et aussi blanche qu'elle, ou que la dent d'un Éthiopien et la neige pure repoussée deux fois par le souffle impétueux du nord.

POLIXÈNE.—Que veut dire ceci? Comme ce jeune berger semble laver avec complaisance cette main qui était déjà si blanche auparavant!—Je vous ai interrompu.—Mais revenez à votre protestation: que j'entende votre promesse.

FLORIZEL.—Écoutez, et soyez-en témoin.

POLIXÈNE.—Et mon voisin aussi que voilà?

FLORIZEL.—Et lui aussi, et d'autres que lui, et tous les hommes, la terre, les cieux et l'univers entier; soyez tous témoins que, fussé-je couronné le plus grand monarque du monde et le plus puissant, fussé-je le plus beau jeune homme qui ai fait languir les yeux, eussé-je plus de force et de science que n'en ait jamais eu un mortel, je n'en ferais aucun cas sans son amour, que je les emploierais tous et les consacrerais tous à son service, ou les condamnerais à périr.

POLIXÈNE.—Belle offrande!

CAMILLO.—Qui montre une affection durable.

LE BERGER.—Mais vous, ma fille, en dites-vous autant pour lui?

PERDITA.—Je ne puis m'exprimer aussi bien, pas à beaucoup près aussi bien, non, ni penser mieux; je juge de la pureté de ses sentiments sur celle des miens.

LE BERGER.—Prenez-vous les mains, c'est un marché fait.—Et vous, amis inconnus, vous en rendrez témoignage; je donne ma fille à ce jeune homme, et je veux que sa dot égale la fortune de son amant.

FLORIZEL.—Oh! la dot de votre fille doit être ses vertus. Après une certaine mort, j'aurai plus de richesses que vous ne pouvez l'imaginer encore, assez pour exciter votre surprise; mais, allons, unissons-nous en présence de ces témoins.

LE BERGER, à Florizel.—Allons, voire main.—Et vous, ma fille, la vôtre.

POLIXÈNE.—Arrêtez, berger; un moment, je vous en conjure.—(A Florizel.) Avez-vous un père?

FLORIZEL.—J'en ai un.—Mais que prétendez-vous?

POLIXÈNE.—Sait-il ceci?

FLORIZEL.—Il ne le sait pas et ne le saura jamais.

POLIXÈNE.—Il me semble pourtant qu'un père est l'hôte qui sied le mieux au festin des noces de son fils. Je vous prie, encore un mot: votre père n'est-il pas incapable de gouverner ses affaires? n'est-il pas tombé en enfance par les années et les catarrhes de l'âge? peut-il parler, entendre, distinguer un homme d'un autre, administrer son bien? n'est-il pas toujours au lit, incapable de rien faire que ce qu'il faisait dans son enfance?

FLORIZEL.—Non, mon bon monsieur, il est plein de santé, et il a même plus de forces que n'en ont la plupart des vieillards de son âge.

POLIXÈNE.—Par ma barbe blanche, si cela est, vous lui faites une injure qui ne sent pas trop la tendresse filiale: il est raisonnable que mon fils se choisisse lui-même une épouse; mais il serait de bonne justice aussi que le père, à qui il ne reste plus d'autre joie que celle de voir une belle postérité, fût un peu consulté dans pareille affaire.

FLORIZEL.—Je vous accorde tout cela; mais, mon vénérable monsieur, pour quelques autres raisons qu'il n'est pas à propos que vous sachiez, je ne donne pas connaissance de cette affaire à mon père.

POLIXÈNE.—Il faut qu'il en soit instruit.

FLORIZEL.—Il ne le sera point.

POLIXÈNE.—Je vous en prie, qu'il le soit.

FLORIZEL.—Non, il ne le faut pas.

LE BERGER.—Qu'il le soit, mon fils; il n'aura aucun sujet d'être fâché, quand il viendra à connaître ton choix.

FLORIZEL.—Allons, allons, il ne doit pas en être instruit.—Soyez seulement témoins de notre union.

POLIXÈNE, *se découvrant*.—De votre divorce, mon jeune monsieur, que je n'ose pas appeler mon fils. Tu es trop vil pour être reconnu, toi, l'héritier d'un sceptre, et qui brigues ici une houlette.—(*Au père*.) Toi, vieux traître, je suis fâché de ne pouvoir, en te faisant pendre, abréger ta vie que d'une semaine.—(*A Perdita*.) Et toi, jeune et belle séductrice, tu dois à la fin connaître malgré toi le royal fou auquel tu t'es attaquée.

LE BERGER.—O mon coeur!

POLIXÈNE.—Je ferai déchirer ta beauté avec des ronces, et je rendrai ta figure plus grossière que ton état.—Quant à toi, jeune étourdi, si jamais je m'aperçois que tu oses seulement pousser un soupir de regret de ne plus voir cette petite créature (comme c'est bien mon intention que tu ne la revoies jamais), je te déclare incapable de me succéder, et je ne te reconnaîtrai pas plus pour être de notre sang et de notre famille, que ne l'est tout autre descendant de Deucalion. Souviens-toi de mes paroles, et suis-nous à la cour.—Toi, paysan, quoique tu aies mérité notre colère, nous t'affranchissons pour le présent de son coup mortel.—Et vous, enchanteresse, assez bonne pour un pâtre, oui, et pour lui aussi, car il se rendrait indigne de nous s'il ne s'agissait de notre honneur,—si jamais tu lui ouvres à l'avenir l'entrée de cette cabane, ou que tu entoures son corps de tes embrassements, j'inventerai une mort aussi cruelle pour toi que tu es délicate pour elle.

(Il sort.)

PERDITA.—Perdue sans ressources, en un instant! Je n'ai pas été fort effrayée; une ou deux fois j'ai été sur le point de lui répondre, et de lui dire nettement que le même soleil qui éclaire son palais ne cache point son visage à notre chaumière, et qu'il les voit du même oeil. (*A. Florizel.*) Voulez-vous bien, monsieur, vous retirer? Je vous ai bien dit ce qu'il adviendrait de tout cela. Je vous prie, prenez soin de vous; ce songe que j'ai fait, j'en suis réveillée maintenant, et je ne veux plus jouer la reine en rien.—Mais je trairai mes brebis, et je pleurerai.

CAMILLO, *au berger.*—Eh bien! bon père, comment vous trouvez-vous? Parlez encore une fois avant de mourir.

LE BERGER.—Je ne peux ni parler, ni penser, et je n'ose pas savoir ce que je sais. (*A Florizel.*) Ah! monsieur, vous avez perdu un homme de quatre-vingt-trois ans, qui croyait descendre en paix dans sa tombe; oui, qui espérait mourir sur le lit où mon père est mort, et reposer auprès de ses honnêtes cendres; mais maintenant quelque bourreau doit me revêtir de mon drap mortuaire, et me mettre dans un lieu où nul prêtre ne jettera de la poussière sur mon corps. (*A Perdita.*) O maudite misérable! qui savais que c'était le prince, et qui as osé l'aventurer à unir ta foi à la sienne.—Je suis perdu! je suis perdu! Si je pouvais mourir en ce moment, j'aurais vécu pour mourir à l'instant où je le désire.

(Il sort.)

FLORIZEL, *à Perdita.*—Pourquoi me regardez-vous ainsi? Je ne suis qu'affligé, mais non pas effrayé. Je suis retardé, mais non changé. Ce que j'étais, je le suis encore. Plus on me retire en arrière, et plus je veux aller en avant: je ne suis pas mon lien avec répugnance.

CAMILLO.—Mon gracieux seigneur, vous connaissez le caractère de votre père. En ce moment il ne vous permettra aucune représentation; et je présume que vous ne vous proposez pas de lui en faire; il aurait aussi bien de la peine, je le crains, à soutenir votre vue; ainsi, jusqu'à ce que la fureur de Sa Majesté se soit calmée, ne vous présentez pas devant lui.

FLORIZEL.—Je n'en ai pas l'intention. Vous êtes Camillo, je pense?

CAMILLO.—Oui, seigneur.

PERDITA.—Combien de fois vous ai-je dit que cela arriverait? Combien de fois vous ai-je dit que mes grandeurs finiraient dès qu'elles seraient connues?

FLORIZEL.—Elles ne peuvent finir que par la violation de ma foi: et qu'alors la nature écrase les flancs de la terre l'un contre l'autre, qu'elle étouffe toutes les semences qu'elle renferme! Lève les yeux.—Effacez-moi de votre succession, mon père; mon héritage est mon amour.

CAMILLO.—Écoutez les conseils.

FLORIZEL.—Je les écoute; mais ce sont ceux de mon amour; si ma raison veut lui obéir, j'écoute la raison; sinon, mes sens, préférant la folie, lui souhaitent la bienvenue.

CAMILLO.—C'est là du désespoir, seigneur.

FLORIZEL.—Appelez-le de ce nom, si vous voulez; mais il remplit mon voeu; je suis forcé de le croire vertu. Camillo, ni pour la Bohême, ni pour toutes les pompes qu'on y peut recueillir, ni pour tout ce que le soleil éclaire, tout ce que le sein de la terre contient, ou ce que la mer profonde cache dans ses abîmes ignorés, je ne violerai les serments que j'ai faits à cette beauté que j'aime. Ainsi, je vous prie, comme vous avez toujours été l'ami honoré de mon père, lorsqu'il aura perdu la trace de son fils (car je le jure, j'ai l'intention de ne plus le revoir), tempérez sa colère par vos sages conseils. La fortune et moi nous allons lutter ensemble à l'avenir.

Voici ce que vous pouvez savoir et redire, que je me suis lancé à la mer avec celle que je ne puis conserver ici sur le rivage; et, fort heureusement pour notre besoin, j'ai un vaisseau prêt à partir, qui n'était pas préparé pour ce dessein. Quant à la route que je veux tenir, il n'est d'aucun avantage pour vous de le savoir, ni d'aucun intérêt pour moi que vous puissiez le redire.

CAMILLO.—Ah! seigneur, je voudrais que votre caractère fût plus docile aux avis, ou plus fort pour répondre à votre nécessité.

FLORIZEL.—Écoutez, Perdita. (*A Camillo.*) Je vais vous entendre tout à l'heure.

CAMILLO, *à part.*—Il est inébranlable: il est décidé à fuir. Maintenant je serais heureux si je pouvais faire servir son évasion à mon avantage; le sauver du danger, lui prouver mon affection et mon respect; et parvenir ainsi à revoir ma chère Sicile, et cet infortuné roi, mon maître, que j'ai si grande soif de revoir.

FLORIZEL.—Allons, cher Camillo, je suis chargé d'affaires si importantes que j'abjure toute cérémonie.

CAMILLO, *se préparant à sortir.*—Seigneur, je pense que vous avez entendu parler de mes faibles services, et de l'affection que j'ai toujours portée à votre père?

FLORIZEL.—Vous avez bien mérité de lui; c'est une musique pour mon père que de raconter vos services; et il n'a pas négligé le soin de les récompenser suivant sa reconnaissance.

CAMILLO.—Eh bien! seigneur, si vous avez la bonté de croire que j'aime le roi, et en lui ce qui lui tient de plus près, c'est-à-dire votre illustre personne, daignez vous laisser diriger par moi, si votre projet plus réfléchi et médité à loisir peut encore souffrir quelque changement. Sur mon honneur, je vous indiquerai un lieu où vous trouverez l'accueil qui convient à Votre Altesse; où vous pourrez posséder librement votre amante (dont je vois que vous ne pouvez être séparé que par votre ruine, dont vous préserve le ciel!). Vous pourrez l'épouser, et par tous mes efforts, en votre absence je tâcherai d'apaiser le ressentiment de votre père, et de l'amener à approuver votre choix.

FLORIZEL.—Eh! cher Camillo, comment pourrait s'accomplir cette espèce de miracle? Apprenez-le-moi, afin que j'admire en vous quelque chose de plus qu'un homme, et qu'ensuite je puisse me fier à vous.

CAMILLO.—Avez-vous pensé à quelque lieu où vous vouliez aller?

FLORIZEL.—Pas encore. Comme c'est un accident inopiné qui est coupable du parti violent que nous prenons, nous faisons de même profession d'être les esclaves du hasard et de l'impulsion de chaque vent qui souffle.

CAMILLO.—Écoutez-moi donc: voici ce que j'ai à vous dire.—Si vous ne voulez pas absolument changer de résolution, et que vous soyez résolu à cette fuite, faites voile vers la Sicile, et présentez-vous avec votre belle princesse (car je vois qu'elle doit l'être) devant Léontes. Elle sera vêtue comme il convient à la compagne de votre lit. Il me semble voir Léontes vous ouvrant affectueusement ses bras, vous accueillant par ses larmes, vous demandant pardon à vous, qui êtes le fils, comme à la personne même du père, baisant les mains de votre belle princesse, et son coeur partagé entre sa cruauté et sa tendresse, se reprochant l'une avec des malédictions et disant à l'autre de croître plus vite que le temps ou la pensée.

FLORIZEL.—Digne Camillo, quel prétexte donnerai-je à ma visite?

CAMILLO.—Vous direz que vous êtes envoyé par le roi votre père, pour le saluer et lui donner des consolations. Je veux vous mettre par écrit, seigneur, la manière dont vous devez vous conduire avec lui, et ce que vous devez lui communiquer, comme de la part de votre père, des choses qui ne sont connues que de nous trois; et ces instructions vous guideront dans ce que vous devrez dire à chaque audience, de sorte qu'il ne s'apercevra de rien, et qu'il croira que vous avez toute la confiance de votre père, et que vous lui révélez son coeur tout entier.

FLORIZEL.—Je vous suis obligé, cette idée a de la sève.

CAMILLO.—C'est une marche qui promet mieux que de vous dévouer inconsidérément à des mers infréquentées, à des rivages inconnus, avec la certitude de rencontrer une foule de misères, sans aucun espoir de secours; pour sortir d'une infortune, afin d'être assailli par une autre; n'ayant rien de certain que vos ancres, qui ne peuvent vous rendre de meilleur service que celui de vous fixer dans des lieux où vous serez fâché d'être. D'ailleurs, vous le savez, la prospérité est le plus sûr lien de l'amour; l'affliction altère à la fois la fraîcheur et le coeur.

PERDITA.—L'un des deux est vrai; je pense que l'adversité peut flétrir les joues, mais elle ne peut atteindre le coeur.

CAMILLO.—Oui-da! dites-vous cela? il ne sera point né dans la maison de votre père, depuis sept années, une autre fille comparable à vous.

FLORIZEL.—Mon cher Camillo, elle est autant en avant de son éducation, qu'elle est en arrière par la naissance.

CAMILLO.—Je ne puis dire qu'il soit dommage qu'elle manque d'instruction; car elle me paraît être la maîtresse de la plupart de ceux qui instruisent les autres.

PERDITA.—Pardonnez, monsieur, ma rougeur vous exprimera mes remerciements.

FLORIZEL.—Charmante Perdita!—Mais, sur quelles épines nous sommes placés! Camillo, vous, le sauveur de mon père, et maintenant le mien, le médecin de notre maison, comment ferons-nous? Nous ne sommes pas équipés comme doit l'être le fils du roi de Bohême, et nous ne pourrons pas paraître en Sicile...

CAMILLO.—Seigneur, n'ayez point d'inquiétude là-dessus. Vous savez, je crois, que toute ma fortune est située dans cette île; ce sera mon soin que vous soyez entretenu en prince, comme si le rôle que vous devez jouer était le mien. Et, seigneur, comme preuve que vous ne pourrez manquer de rien... un mot ensemble.

(Ils se parlent à l'écart.)

(Entre Autolycus.)

AUTOLYCUS.—Ah! quelle dupe que l'honnêteté! et que la confiance, sa soeur inséparable, est une sotte fille! J'ai vendu toute ma drogue: il ne me reste pas une pierre fausse, pas un ruban, pas un miroir, pas une boule de parfums, ni bijou, ni tablettes, ni ballade, ni couteau, ni lacet, ni gants, ni ruban de soulier, ni bracelet, ni anneau de corne; pour empêcher ma balle de jeûner, ils sont accourus, à qui achèterait le premier, comme si mes bagatelles avaient été bénies et pouvaient procurer la bénédiction du ciel à l'acheteur: par ce moyen, j'ai observé ceux dont la bourse avait la meilleure mine, et ce que j'ai vu, je m'en suis souvenu pour mon profit. Mon paysan, à qui il ne manque que bien peu de chose pour être un homme raisonnable, est devenu si amoureux des chansons des filles, qu'il n'a pas voulu bouger un pied qu'il n'ait eu l'air et les paroles; ce qui m'a si bien attiré le reste du troupeau, que tous leurs autres sens s'étaient fixés dans leurs oreilles: vous auriez pu pincer un jupon, sans qu'il l'eût senti: ce n'était rien que de dépouiller un gousset de sa bourse: j'aurais enfilé toutes les clefs qui pendaient aux chaînes; on n'entendait, on ne sentait que la chanson de mon monsieur, et on n'admirait que cette niaiserie. En sorte que, pendant cette léthargie, j'ai escamoté et coupé la plupart de leurs bourses de fête; si le vieux berger n'était pas venu avec ses cris contre sa fille et le fils du roi, s'il n'eût pas chassé nos corneilles loin de la balle de blé, je n'eusse pas laissé une bourse en vie dans toute l'assemblée.

(Camille, Florizel et Perdita s'avancent.)

CAMILLO.—Oui, mais mes lettres qui, par ce moyen, seront rendues en Sicile aussitôt que vous y arriverez, éclairciront ce doute.

FLORIZEL.—Et celles que vous vous procurerez de la part du roi Léontes...

CAMILLO.—Satisferont votre père.

PERDITA.—Soyez à jamais heureux! Tout ce que vous dites a belle apparence.

CAMILLO, *apercevant Autolycus.*—Quel est cet homme qui se trouve là?—Nous en ferons notre instrument; ne négligeons rien de ce qui peut nous aider.

AUTOLYCUS, *à part.*—S'ils m'ont entendu tout à l'heure!...—Allons, la potence.

CAMILLO.—Hé! vous voilà, mon ami? Pourquoi trembles-tu ainsi? Ne craignez personne: on ne veut pas vous faire du mal.

AUTOLYCUS.—Je suis un pauvre malheureux, monsieur.

CAMILLO.—Eh bien! continue de l'être à ton aise; il n'y a personne ici qui veuille te voler cela; cependant, nous pouvons te proposer un échange avec l'extérieur de ta pauvreté; en conséquence, déshabille-toi à l'instant: tu dois penser qu'il y a quelque nécessité pour cela; change d'habit avec cet honnête homme. Quoique le marché soit à son désavantage, cependant sois sûr qu'il y a encore quelque chose par-dessus le marché.

AUTOLYCUS.—Je suis un pauvre malheureux, monsieur. (*A part.*) Je vous connais de reste.

CAMILLO.—Allons, je t'en prie, dépêche: ce monsieur est déjà à demi-déshabillé.

AUTOLYCUS.—Parlez-vous sérieusement, monsieur?—(*A part.*) Je soupçonne le jeu de tout ceci.

FLORIZEL.—Dépêche-toi donc, je t'en prie.

AUTOLYCUS.—En vérité, j'ai déjà des gages, mais en conscience je ne puis prendre cet habit.

CAMILLO.—Allons, dénoue, dénoue. (*A Perdita.*) Heureuse amante, que ma prophétie s'accomplisse pour vous!—Il faut vous retirer sous quelque abri; prenez le chapeau de votre amant et enfoncez-le sur vos sourcils: cachez votre figure. Déshabillez-vous et déguisez autant que vous le pourrez tout ce qui pourrait vous faire reconnaître, afin que vous puissiez (car je crains pour vous les regards) gagner le vaisseau sans être découverte.

PERDITA.—Je vois que la pièce est arrangée de façon qu'il faut que j'y fasse un rôle.

CAMILLO.—Il n'y a point de remède. (*A Florizel.*) Eh bien! avez-vous fini?

FLORIZEL.—Si je rencontrais mon père à présent, il ne m'appellerait pas son fils.

CAMILLO.—Allons, vous ne garderez point de chapeau.—Venez, madame, venez.—(*A Autolycus.*) Adieu, mon ami.

AUTOLYCUS.—Adieu, monsieur.

FLORIZEL.—O Perdita! ce que nous avons oublié tous deux!—Je vous prie, un mot.

CAMILLO, *à part.*—Ce que je vais faire d'abord, ce sera d'informer le roi de cette évasion et du lieu où ils se rendent, où j'ai l'espérance que je viendrai à bout de le déterminer à les suivre; et je l'accompagnerai et reverrai la Sicile, que j'ai un désir de femme de revoir.

FLORIZEL.—Que la fortune nous accompagne! Ainsi donc, nous allons gagner le rivage, Camillo?

CAMILLO.—Le plus tôt sera le mieux.

(Florizel, Perdita et Camillo sortent.)

AUTOLYCUS *seul.*—Je conçois l'affaire, je l'entends; avoir l'oreille fine, l'oeil vif et la main légère sont des qualités nécessaires pour un coupeur de bourses. Il est besoin aussi d'un bon nez, afin de flairer de l'ouvrage pour les autres sens. Je vois que voici le moment où un malhonnête homme peut faire son chemin. Quel échange aurais-je fait s'il n'y avait pas eu de l'or par-dessus le marché? Mais aussi combien ai-je gagné ici avec cet échange? Sûrement les dieux sont d'intelligence avec nous cette année, et nous pouvons faire tout ce que nous voulons *ex tempore*. Le prince lui-même est à l'oeuvre pour une mauvaise action en s'évadant de chez son père et traînant son entrave à ses talons. Si je savais que ce ne fût pas un tour honnête que d'en informer le roi, je le ferais: mais je tiens qu'il y a plus de coquinerie à tenir la chose secrète, et je reste fidèle à ma profession. (*Entrent le berger et son fils.*) Tenons-nous à l'écart, à l'écart. Voici encore matière pour une cervelle chaude. Chaque coin de rue, chaque église, chaque boutique, chaque cour de justice, chaque pendaison procure de l'occupation à un homme vigilant.

LE FILS DU BERGER.—Voyez, voyez, quel homme vous êtes à présent! Il n'y a pas d'autre parti que d'aller déclarer au roi qu'elle est un enfant changé au berceau, et point du tout de votre chair et de votre sang.

LE BERGER.—Mais, écoute-moi.

LE FILS.—Mais, écoutez-moi.

LE BERGER.—Allons, continue donc.

LE FILS.—Dès qu'elle n'est point de votre chair et de votre sang, votre chair et votre sang n'ont point offensé le roi; et alors votre chair et votre sang ne doivent pas être punis par lui. Montrez ces effets que vous avez trouvés autour d'elle, ces choses secrètes, tout, excepté ce qu'elle a sur elle; et cela une fois fait, laissez siffler la loi, je vous le garantis.

LE BERGER.—Je dirai tout au roi; oui, chaque mot, et les folies de son fils aussi, qui, je puis bien le dire, n'est point un honnête homme, ni envers son père, ni envers moi, d'aller se jouer à me faire le beau-frère du roi.

LE FILS.—En effet, beau-frère était le degré le plus éloigné auquel vous pussiez parvenir, et alors votre sang serait devenu plus cher je ne sais pas de combien l'once.

AUTOLYCUS, *toujours à l'écart.*—Bien dit... Idiot!

LE BERGER.—Allons, allons trouver le roi: il y a dans le petit paquet de quoi lui faire se gratter la barbe.

AUTOLYCUS.—Je ne vois pas trop quel obstacle cette plainte peut mettre à l'évasion de mon maître.

LE FILS.—Priez le ciel qu'il soit au palais.

AUTOLYCUS.—Quoique je ne sois pas honnête de mon naturel, je le suis cependant quelquefois par hasard.—Mettons dans ma poche cette barbe de colporteur. (*Il s'avance auprès des deux bergers.*) Eh bien! villageois, où allez-vous ainsi?

LE BERGER.—Au palais, si Votre Seigneurie le permet.

AUTOLYCUS.—Vos affaires, là, quelles sont-elles? Avec qui? Déclarez-moi ce que c'est que ce paquet, le lieu de votre demeure, vos noms, vos âges, votre avoir, votre éducation, en un mot tout ce qu'il importe qui soit connu?

LE FILS.—Nous ne sommes que des gens tout unis, monsieur.

AUTOLYCUS.—Mensonge! Vous êtes rudes et couverts de poil. Ne vous avisez pas de mentir: cela ne convient à personne qu'à des marchands, et ils nous donnent souvent un démenti à nous autres soldats; mais nous les en payons en monnaie de bonne empreinte et nullement en fer homicide. Ainsi, ils ne nous donnent pas un démenti.

LE FILS.—Votre Seigneurie avait tout l'air de nous en donner si elle ne s'était pas prise sur le fait.

LE BERGER.—Êtes-vous un courtisan, monsieur, s'il vous plaît?

AUTOLYCUS.—Que cela me plaise ou non, je suis un courtisan; est-ce que tu ne vois pas un air de cour dans cette tournure de bras? Est-ce que ma démarche n'a pas en elle la cadence de cour? Ton nez ne reçoit-il pas de mon individu une odeur de cour? Est-ce que je ne réfléchis pas sur ta bassesse un mépris de cour? Crois-tu que, parce que je veux développer, démêler ton affaire, pour cela je ne suis pas un courtisan? Je suis un courtisan de pied en cap et un homme qui fera avancer ou reculer ton affaire; en conséquence de quoi je te commande de me déclarer ton affaire.

LE BERGER.—Mon affaire, monsieur, s'adresse au roi.

AUTOLYCUS.—Quel avocat as-tu auprès de lui?

LE BERGER.—Je n'en connais point, monsieur, sous votre bon plaisir.

LE FILS.—Avocat est un terme de cour pour signifier un faisan. Dites que vous n'en avez pas.

LE BERGER.—Aucun, monsieur. Je n'ai point de faisan, ni coq, ni poule.

AUTOLYCUS, *à haute voix.*—Que nous sommes heureux, pourtant, de n'être pas de simples gens! Et pourtant la nature aurait pu me faire ce qu'ils sont; ainsi je ne veux pas les dédaigner.

LE FILS.—Ce ne peut être qu'un grand courtisan.

LE BERGER.—Ses habits sont riches, mais il ne les porte pas avec grâce.

LE FILS.—Il me paraît à moi d'autant plus noble qu'il est plus bizarre: c'est un homme important, je le garantis, je le reconnais à ce qu'il se cure les dents[22].

Note 22: (retour)

Manière de petit-maître, du temps de Shakspeare.

AUTOLYCUS.—Et ce paquet, qu'y a-t-il dans ce paquet? Pourquoi ce coffre?

LE BERGER.—Monsieur, il y a dans ce paquet et cette boîte des secrets qui ne doivent être connus que du roi, et qu'il va apprendre avant une heure, si je peux parvenir à lui parler.

AUTOLYCUS.—Vieillard, tu as perdu tes peines.

LE BERGER.—Pourquoi, monsieur?

AUTOLYCUS.—Le roi n'est point au palais; il est allé à bord d'un vaisseau neuf pour purger sa mélancolie et prendre l'air: car, si tu peux comprendre les choses sérieuses, il faut que tu saches que le roi est dans le chagrin.

LE BERGER.—On le dit, monsieur, à l'occasion de son fils, qui voulait se marier à la fille d'un berger.

AUTOLYCUS.—Si ce berger n'est pas dans les fers, qu'il fuie promptement; les malédictions qu'il aura, les tortures qu'on lui fera souffrir, briseront le dos d'un homme et le coeur d'un monstre.

LE FILS.—Le croyez-vous, monsieur?

AUTOLYCUS.—Et ce ne sera pas seulement lui qui souffrira tout ce que l'imagination peut inventer de fâcheux et la vengeance d'amer, mais aussi ses parents, quand ils seraient éloignés jusqu'au cinquantième degré, tous tomberont sous la main du bourreau. Et quoique ce soit une grande pitié, cependant c'est nécessaire. Un vieux maraud de gardien de brebis, un entremetteur de béliers, consentir que sa fille s'élève jusqu'à la majesté royale! Quelques-uns disent qu'il sera lapidé, mais moi je dis que c'est une mort trop douce pour lui: porter notre trône dans un parc à moutons! Il n'y a pas assez de morts, la plus cruelle est trop aisée.

LE FILS.—Ce vieux berger a-t-il un fils, monsieur? l'avez-vous entendu dire, s'il vous plaît, monsieur?

AUTOLYCUS.—Il a un fils qui sera écorché vif; ensuite, enduit partout de miel et placé à l'entrée d'un nid de guêpes, pour rester là jusqu'à ce qu'il soit aux trois quarts et demi mort; ensuite on le fera revenir avec de l'eau-de-vie ou quelque autre liqueur forte; alors tout au vif qu'il sera, et dans le jour prédit par l'almanach, il sera placé contre un mur de briques aux regards brûlants du soleil du midi, qui le regardera jusqu'à ce qu'il périsse sous la piqûre des mouches. Mais pourquoi nous amuser à parler de misérables traîtres? Il ne faut que rire de leurs maux, leurs crimes étant si grands. Dites-moi, car vous me paraissez de bonnes gens bien simples, ce que vous voulez au roi. Si vous me marquez comme il faut votre considération pour moi, je vous conduirai au vaisseau où il est, je vous présenterai à Sa Majesté, je lui parlerai à l'oreille en votre faveur; et s'il est quelqu'un auprès du roi qui puisse vous faire accorder votre demande, vous voyez un homme qui le fera.

LE FILS.—Il paraît un homme d'un grand crédit; accordez-vous avec lui, donnez-lui de l'or; et quoique l'autorité soit un ours féroce, cependant, avec de l'or, on la mène souvent par le nez. Montrez le dedans de votre bourse au dehors de votre main, et sans plus tarder. Souvenez-vous, *lapidé et écorché vif.*

LE BERGER.—S'il vous plaisait, monsieur, de vous charger de l'affaire pour nous, voici de l'or que j'ai sur moi; je vous promets encore autant, et je vous laisserai ce jeune homme en gage jusqu'à ce que je vous le rapporte.

AUTOLYCUS.—Après que j'aurai fait ce que j'ai promis?

LE BERGER.—Oui, monsieur.

AUTOLYCUS.—Allons, donnez-m'en la moitié.—Êtes-vous personnellement intéressé dans cette affaire?

LE FILS.—En quelque façon, monsieur; mais, quoique ma situation soit assez triste, j'espère que je ne serai pas écorché vif pour cela.

AUTOLYCUS.—Oh! c'est le cas du fils du berger. Au diable si on n'en fait pas un exemple.

LE FILS, *à son père.*—Du courage, prenez courage; il faut que nous allions trouver le roi, et lui montrer les choses étranges que nous avons à faire voir; il faut qu'il sache qu'elle n'est point du tout votre fille, ni ma soeur, autrement nous sommes perdus. (*A Autolycus.*) Monsieur, je vous donnerai autant que ce vieillard quand l'affaire sera terminée; et je resterai, comme il vous le dit, votre otage, jusqu'à ce que l'or vous ait été apporté.

AUTOLYCUS.—Je m'en rapporte à vous; marchez devant vers le rivage; prenez sur la droite. Je ne ferai que regarder par-dessus la haie, et je vous suis.

LE FILS.—Nous sommes bien heureux d'avoir trouvé cet homme, je puis le dire, bien heureux.

LE BERGER.—Marchons devant, comme il nous l'ordonne; la Providence nous l'a envoyé pour nous faire du bien.

(Le berger et son fils s'en vont.)

AUTOLYCUS, *seul*.—Quand j'aurais envie d'être honnête homme, la fortune ne le souffrirait pas; elle me fait tomber le butin dans la bouche; elle me gratifie en ce moment d'une double occasion: de l'or, et le moyen de rendre service au prince mon maître; et qui sait combien cela peut servir à mon avancement? Je vais lui conduire à bord ces deux taupes, ces deux aveugles: s'il juge à propos de les remettre sur le rivage, et que la plainte qu'ils veulent présenter au roi ne l'intéresse en rien, qu'il me traite s'il le veut de coquin, pour être si officieux; je suis à toute épreuve contre ce titre, et contre la honte qui peut y être attachée. Je vais les lui présenter; cela peut être important.

(Il sort.)

FIN DU QUATRIÈME ACTE.

ACTE CINQUIÈME

SCÈNE I

Sicile.—Appartement dans le palais de Léontes.

LÉONTES, CLÉOMÈNE, DION, PAULINE, *suite.*

CLÉOMÈNE.—Seigneur, vous en avez assez fait; vous avez témoigné le repentir d'un saint; si vous avez commis des fautes, vous les avez bien expiées, et même votre pénitence a surpassé vos fautes: finissez enfin par faire ce que le ciel a déjà fait, oubliez vos offenses, et vous les pardonnez comme il vous les pardonne.

LÉONTES.—Tant que je me souviendrai d'elle et de ses vertus, je ne puis oublier mon injustice envers elle; je songe toujours au tort que je me suis fait à moi-même; tort si grand qu'il laisse mon royaume sans héritier, et qui a détruit la plus douce compagne sur laquelle un époux ait fondé ses espérances.

PAULINE.—Cela est vrai, trop vrai, seigneur; quand vous épouseriez l'une après l'autre toutes les femmes du monde, ou quand vous prendriez quelque bonne qualité à toutes pour en former une femme parfaite, celle que vous avez tuée serait encore sans égale.

LÉONTES.—Je le crois ainsi. Tuée? Moi, je l'ai tuée?—Oui, je l'ai fait; mais vous me donnez un coup bien cruel, en me disant que je l'ai tuée. Ce mot est aussi amer pour moi dans votre bouche que dans mes pensées: à l'avenir, ne me le dites que bien rarement.

CLÉOMÈNE.—Ne le prononcez jamais, bonne dame; vous auriez pu dire mille choses qui eussent été plus convenables aux circonstances, et plus conformes à la bonté de votre coeur.

PAULINE, *à Cléomène.*—Vous êtes un de ceux qui voudraient le voir se remarier.

DION.—Si vous ne le désirez pas, vous n'avez donc aucune pitié de l'État; et vous ne vous souvenez pas de son auguste nom? Considérez un peu quels dangers, si Sa Majesté ne laisse point de postérité, peuvent tomber sur ce royaume et dévorer tous les témoins indécis de sa ruine. Quoi de plus saint que de se réjouir de ce que la feue reine est en paix? quoi de plus saint que de faire rentrer le bonheur dans la couche de Sa Majesté, avec une douce compagne, pour soutenir la royauté, nous consoler du présent et préparer le bien à venir?

PAULINE.—Il n'en est aucune qui soit digne, auprès de celle qui n'est plus. D'ailleurs, les dieux voudront que leurs desseins secrets s'accomplissent. Le divin Apollon n'a-t-il pas répondu, et n'est-ce pas là le sens de son oracle, que le roi Léontes n'aura point d'héritier qu'on n'ait retrouvé son enfant perdu? Et l'espoir qu'il soit jamais retrouvé est aussi contraire à la raison humaine, qu'il l'est que mon Antigone brise son tombeau, et revienne à moi, car, sur ma vie, il a péri avec l'enfant. Votre avis est donc que notre souverain contrarie le ciel et s'oppose à ses volontés? (*Au roi.*) Ne vous inquiétez point de postérité: la couronne trouvera toujours un héritier. Le grand Alexandre laissa la sienne au plus digne, et par là son successeur avait chance d'être le meilleur possible.

LÉONTES.—Chère Pauline, vous qui avez en honneur, je le sais, la mémoire d'Hermione, ah! que ne me suis-je toujours dirigé d'après vos conseils! Je pourrais encore à présent contempler les beaux yeux de ma reine chérie, je pourrais encore recueillir des trésors sur ses lèvres.

PAULINE.—En les laissant plus riches encore, après le don qu'elles vous auraient fait.

LÉONTES.—Vous dites la vérité: il n'est plus de pareilles femmes: ainsi plus de femme. Une épouse qui ne la vaudrait pas, et qui serait mieux traitée qu'elle, forcerait son âme sanctifiée à revêtir de nouveau son corps et à nous apparaître sur ce théâtre où nous l'outrageons en ce moment; et à me dire, dans les tourments de son coeur: Pourquoi plutôt moi?

PAULINE.—Si elle avait le pouvoir de le faire, elle en aurait une juste raison.

LÉONTES.—Oui, bien juste: et elle m'exciterait à poignarder celle que j'aurais épousée.

PAULINE.—Je le ferais comme elle: si j'étais le fantôme qui revint, je vous dirais de considérer les yeux de votre nouvelle épouse, et de me dire pour quels attraits vous l'auriez choisie; et ensuite je pousserais un cri en vous adressant ces mots: Souviens-toi de moi.

LÉONTES.—Les étoiles, les étoiles mêmes, et tous les yeux du monde ne sont auprès des siens que des charbons éteints! Ne craignez point une autre épouse; je ne veux plus de femme, Pauline.

PAULINE.—Voulez-vous jurer de ne jamais vous marier que de mon libre consentement?

LÉONTES.—Jamais, Pauline; je le jure sur le salut de mon âme.

PAULINE.—Vous l'entendez, seigneurs, soyez tous témoins de son serment.

CLÉOMÈNE.—Vous le tentez au delà de toute mesure.

PAULINE.—A moins qu'une autre femme, ressemblant autant à Hermione que son portrait, ne se présente à ses yeux.

CLÉOMÈNE.—Chère dame...

PAULINE.—J'ai dit.—Cependant, si mon roi veut se marier...—Oui, si vous le voulez seigneur, et qu'il n'y ait pas de moyen de vous en ôter la volonté, donnez-moi l'office de vous choisir une reine; elle ne sera pas aussi jeune que l'était la première; mais elle sera telle que, si l'ombre de votre première reine revenait, elle se réjouirait de vous voir dans ses bras.

LÉONTES.—Ma fidèle Pauline, nous ne nous marierons point que sur votre avis.

PAULINE.—Et je vous le conseillerai, quand votre première reine reviendra à la vie; jamais auparavant.

(Entre un gentilhomme.)

LE GENTILHOMME.—Quelqu'un qui se donne pour le prince Florizel, fils de Polixène, vient avec sa princesse, la plus belle personne que j'aie jamais vue, demander à être introduit auprès de Votre Majesté.

LÉONTES.—Quelle affaire avons-nous avec lui? Il ne vient point dans un appareil digne de la grandeur de son père; son arrivée, si soudaine et si imprévue, nous dit assez que ce n'est point une visite volontaire, mais une entrevue forcée par quelque besoin ou quelque accident. Quelle suite a-t-il?

LE GENTILHOMME.—Peu de suite, et ceux qui la composent ont pauvre mine.

LÉONTES.—Sa princesse, dites-vous, est avec lui?

LE GENTILHOMME.—Oui, la plus incomparable beauté terrestre, je crois, que jamais le soleil ait éclairée de sa lumière.

PAULINE.—O Hermione! comme le siècle présent se vante toujours au-dessus du siècle passé, qui valait mieux, de même, la tombe cède le pas aux objets que l'on voit à présent. Vous-même, monsieur, vous avez dit, et vous l'avez écrit aussi (mais maintenant vos écrits sont plus glacés que celle qui en était le sujet), qu'elle n'avait jamais été, et que jamais elle ne serait égalée. Vos vers, qui suivaient autrefois sa beauté, ont étrangement reculé, pour que vous disiez à présent que vous en avez vu une plus accomplie.

LE GENTILHOMME.—Pardon, madame; j'ai presque oublié l'une: daignez me pardonner; et l'autre, quand une fois elle aura obtenu vos regards, obtiendra aussi votre voix. C'est une si belle créature que, si elle voulait fonder une secte, elle pourrait éteindre le zèle de toutes les autres sectes, et faire des prosélytes de tous ceux à qui elle dirait de la suivre.

PAULINE.—Comment! pas des femmes?

LE GENTILHOMME.—Les femmes l'aimeront, parce qu'elle est une femme qui vaut plus qu'aucun homme; les hommes l'aimeront, parce qu'elle est la plus rare de toutes les femmes!

LÉONTES.—Allez, Cléomène; et vous-même, accompagné de vos illustres amis, amenez-les recevoir nos embrassements. (*Cléomène sort avec les seigneurs et le gentilhomme.*) Toujours est-il étrange qu'il vienne ainsi se glisser dans notre cour.

PAULINE.—Si notre jeune prince (la perle des enfants) avait vécu jusqu'à cette heure, il aurait bien figuré à côté de ce seigneur: il n'y avait pas un mois d'intervalle entre leurs naissances.

LÉONTES.—Je vous prie, taisez-vous: vous savez qu'il meurt pour moi de nouveau quand on m'en parle. Lorsque je verrai ce jeune homme, vos discours, Pauline, pourraient me conduire à des réflexions capables de me priver de ma raison.—Je les vois qui s'avancent.

(Entrent Florizel, Perdita, Cléomène et autres seigneurs.)

LÉONTES, *à Florizel*.—Prince, votre mère fut bien fidèle au mariage, car, au moment où elle vous conçut, elle reçut l'empreinte de votre illustre père. Si je n'avais que vingt et un ans, les traits de votre père sont si bien gravés en vous, vous avez si bien son air, que je vous appellerais mon frère, comme lui, et je vous parlerais de quelques étourderies de jeunesse que nous fîmes ensemble. Vous êtes le bienvenu, ainsi que votre belle princesse, une déesse. Hélas! j'ai perdu un couple d'enfants qui auraient pu se tenir ainsi entre le ciel et la terre, et exciter l'admiration comme vous le faites, couple gracieux. Et ce fut alors que je perdis (le tout par ma folie) la société et l'amitié de votre vertueux père, que je désire voir encore une fois dans ma vie, quoiqu'elle soit maintenant accablée de malheurs.

FLORIZEL.—Seigneur, c'est par son ordre que j'ai abordé ici en Sicile, et je suis chargé de sa part de vous présenter tous les voeux qu'un roi et un ami peut envoyer à son frère, et si une infirmité, qui attaque les forces usées n'avait fait tort à la vigueur qu'il désirait, il aurait lui-même traversé l'étendue de terres et de mers qui sépare votre trône et le sien, pour vous revoir, vous qu'il aime (il m'a ordonné de vous le dire) plus que tous les sceptres et plus que tous ceux qui les portent en ce moment.

LÉONTES.—Ah! mon frère, digne prince, les outrages que je t'ai faits se réveillent en moi, et tes soins, d'une générosité si rare, accusent ma négligence tardive!—Soyez le bienvenu ici, comme le printemps l'est sur la terre. Et a-t-il donc aussi exposé cette merveille de la beauté aux cruels ou tout au moins aux rudes traitements du terrible Neptune, pour venir saluer un homme qui ne vaut pas ses fatigues, bien moins encore les hasards auxquels elle expose sa personne?

FLORIZEL.—Mon cher prince, elle vient de la Libye.

LÉONTES.—Où le belliqueux Smalus, ce prince si noble et si illustre, est craint et chéri?

FLORIZEL.—Oui, seigneur, de là; et c'est la fille de ce prince dont les larmes ont bien prouvé qu'il était son père au moment où il s'est séparé d'elle; c'est de là que, secondés par un officieux vent du midi, nous avons fait ce trajet pour exécuter la commission que m'avait donnée mon père, de visiter Votre Majesté. J'ai congédié sur vos rivages de Sicile la plus brillante portion de ma suite: ils vont en Bohême, pour annoncer mon succès dans la Libye, et mon arrivée et celle de ma femme dans cette cour où nous sommes.

LÉONTES.—Que les dieux propices purifient de toute contagion notre atmosphère, tandis que vous séjournerez dans notre climat! Vous avez un respectable père, un prince aimable; et moi, toute sacrée qu'est son auguste personne, j'ai commis un péché dont le ciel irrité m'a puni, en me laissant sans postérité: votre père jouit du bonheur qu'il a mérité du ciel, possédant en vous un fils digne de ses vertus. Qu'aurais-je pu être, moi qui aurais pu voir maintenant mon fils et ma fille aussi beaux que vous?

(Entre un seigneur.)

LE SEIGNEUR.—Noble seigneur, ce que je vais annoncer ne mériterait aucune foi, si les preuves n'étaient pas si près. Apprenez, seigneur, que le roi de Bohême m'envoie vous saluer et vous prier d'arrêter son fils, qui, abandonnant sa dignité et ses devoirs, a fui loin de son père et de ses hautes destinées, pour s'évader avec la fille d'un berger.

LÉONTES.—Où est le roi de Bohême? parlez.

LE SEIGNEUR.—Ici, dans votre ville: je viens de le quitter; je parle avec désordre, mais ce désordre convient et à mon étonnement, et à mon message. Tandis qu'il se hâtait d'arriver à votre cour, poursuivant, à ce qu'il paraît, le beau couple, il a rencontré en chemin le père de cette prétendue princesse, et son frère, qui tous deux avaient quitté leur pays avec le jeune prince.

FLORIZEL.—Camillo m'a trahi, lui, dont l'honneur et la fidélité avaient jusqu'ici résisté à toutes les épreuves.

LE SEIGNEUR.—Vous pouvez le lui reprocher à lui-même.—Il est avec le roi votre père.

LÉONTES.—Qui? Camillo?

LE SEIGNEUR.—Oui, Camillo, seigneur. Je lui ai parlé, et c'est lui qui est actuellement chargé de questionner ces pauvres gens. Jamais je n'ai vu deux malheureux si tremblants; ils se prosternent à ses genoux, ils baisent la terre; ils se parjurent à chaque mot qu'ils prononcent; le roi de Bohême se bouche les oreilles et les menace de plusieurs morts dans la mort.

PERDITA.—O mon pauvre père!—Le ciel suscite après nous des espions qui ne permettront pas que notre union s'accomplisse.

LÉONTES.—Êtes-vous mariés?

FLORIZEL.—Nous ne le sommes point, seigneur, et il n'est pas probable que nous le soyons. Les étoiles, je le vois, viendront baiser auparavant les vallons: la comparaison n'est que trop juste.

LÉONTES.—Prince, est-elle la fille d'un roi?

FLORIZEL.—Oui, seigneur, quand une fois elle sera ma femme.

LÉONTES.—Et cela, je le vois, par la prompte poursuite de votre bon père, viendra bien lentement. Je suis fâché, très-fâché, que vous vous soyez aliéné son amitié, que votre devoir vous obligeait de conserver; et aussi fâché que votre choix ne soit pas aussi riche en mérite qu'en beauté, afin que vous puissiez jouir d'elle.

FLORIZEL.—Chérie, relève la tête: quoique la fortune, qui se déclare ouvertement notre ennemie, nous poursuive avec mon père, elle n'a pas le moindre pouvoir pour changer notre amour. (*Au roi.*) Je vous en conjure, seigneur, daignez vous rappeler le temps où vous ne comptiez pas plus d'années que je n'en ai à présent; en souvenir de ces affections, présentez-vous mon avocat: à votre prière, mon père accordera les plus grandes grâces comme des bagatelles.

LÉONTES.—S'il voulait le faire, je lui demanderais votre précieuse amante, qu'il regarde, lui, comme une bagatelle.

PAULINE.—Mon souverain, vos yeux sont trop jeunes: moins d'un mois avant que votre reine mourut, elle méritait encore mieux ces regards que ce que vous regardez à présent.

LÉONTES.—Je songeais à elle, même en contemplant cette jeune fille. —(*A Florizel.*) Mais je n'ai pas encore donné de réponse à votre demande. Je vais aller trouver votre père. Puisque vos penchants n'ont point triomphé de votre honneur, je suis leur ami et le vôtre: je vais donc le chercher pour cette affaire; ainsi, suivez-moi et voyez le chemin que je ferai.—Venez, cher prince.

(Ils sortent.)

SCÈNE II

La scène est devant le palais.

AUTOLYCUS ET UN GENTILHOMME.

AUTOLYCUS.—Je vous prie, monsieur, étiez-vous présent à ce récit?

LE GENTILHOMME.—J'étais présent à l'ouverture du paquet; j'ai entendu le vieux berger raconter la manière dont il l'avait trouvé; et là-dessus, après quelques moments d'étonnement, on nous a ordonné à tous de sortir de l'appartement; et j'ai seulement entendu, à ce que je crois, que le berger disait qu'il avait trouvé l'enfant.

AUTOLYCUS.—Je serais bien aise de savoir l'issue de tout cela.

LE GENTILHOMME.—Je vous rends la chose sans ordre.—Mais les changements que j'ai aperçus sur les visages du roi et de Camillo étaient singulièrement remarquables: ils semblaient, pour ainsi dire, en se regardant l'un l'autre, faire sortir leurs yeux de leurs orbites; il y avait un langage dans leur silence, et leurs gestes parlaient: à leurs regards, on eût dit qu'ils apprenaient le salut ou la perte d'un monde; tous les symptômes d'un grand étonnement éclataient en eux, mais l'observateur le plus pénétrant, qui ne savait que ce qu'il voyait, n'aurait pu dire si leur émotion était de la joie ou de la tristesse: toujours est-il certain que c'était l'une ou l'autre poussée à l'extrême.

(Survient un autre gentilhomme.)

PREMIER GENTILHOMME.—Voici un gentilhomme qui peut-être en saura davantage. Quelles nouvelles, Roger?

SECOND GENTILHOMME.—Rien que feux de joie. L'oracle est accompli, la fille du roi est retrouvée; tant de merveilles se sont révélées dans l'espace d'une heure, que nos faiseurs de ballades ne pourront jamais les célébrer.

(Arrive un troisième gentilhomme.)

SECOND GENTILHOMME.—Mais voici l'intendant de madame Pauline, il pourra vous en dire davantage.—(A l'intendant.) Eh bien! monsieur, comment vont les choses à présent? Cette nouvelle, qu'on assure vraie, ressemble si fort à un vieux conte, que sa vérité excite de violents soupçons. Est-il vrai que le roi a retrouvé son héritière?

TROISIÈME GENTILHOMME.—Rien n'est plus vrai, si jamais la vérité fut prouvée par les circonstances. Ce que vous entendez, vous jureriez le voir de vos yeux, tant il y a d'accord dans les preuves: le mantelet de la reine Hermione,—son collier autour du cou de l'enfant,—

les lettres d'Antigone, trouvées avec elle, et dont on reconnaît l'écriture, —les traits majestueux de cette fille et sa ressemblance avec sa mère,— un air de noblesse que lui a imprimé la nature, et qui est au-dessus de son éducation,—et mille autres preuves évidentes proclament avec toute certitude qu'elle est la fille du roi.—Avez-vous assisté à l'entrevue des deux rois?

SECOND GENTILHOMME.—Non.

TROISIÈME GENTILHOMME.—Alors vous avez perdu un spectacle qu'il fallait voir et qu'on ne peut raconter. Alors vous auriez vu une joie en commencer une autre; et de manière qu'il semblait que le chagrin pleurait de s'éloigner d'eux, car leur joie nageait dans des flots de larmes. Il fallait les voir élever leurs regards et leurs mains vers le ciel avec des visages si altérés, qu'on ne pouvait les reconnaître qu'à leurs vêtements et nullement à leurs traits. Notre roi, comme prêt à s'élancer hors de lui-même, dans sa joie de retrouver sa fille, s'écrie, comme si sa joie eût été une perte: *Oh! ta mère! ta mère!* Ensuite il demande pardon au roi de Bohême, et puis il embrasse son gendre; et puis il tourmente sa fille en la prenant dans ses bras, et puis il remercie le vieux berger, qui était là debout près de lui, comme un conduit rongé par le laps de plusieurs règnes successifs. Je n'ai jamais ouï parler de pareille entrevue, qui ne permet pas au récit boiteux de la suivre et défie la description de la représenter.

SECOND GENTILHOMME.—Et qu'est devenu, je vous prie, Antigone, qui emporta l'enfant d'ici?

TROISIÈME GENTILHOMME.—C'est encore comme un vieux conte, où il y a matière à raconter, lors même que toute foi serait endormie et qu'il n'y aurait pas une oreille ouverte. Il a été mis en pièces par un ours, et cela est garanti par le fils du berger, qui a non-seulement sa simplicité (qui semble incroyable) pour appuyer son témoignage, mais qui produit encore un mouchoir et des anneaux d'Antigone, que Pauline reconnaît.

PREMIER GENTILHOMME.—Et sa barque, et ceux qui le suivaient, que sont-ils devenus?

TROISIÈME GENTILHOMME.—Naufragés au même instant où leur maître a péri, et à la vue du berger, en sorte que tous les instruments qui avaient servi à exposer l'enfant furent perdus au moment où l'enfant a été trouvé. Mais quel noble combat entre la joie et la douleur s'est passé dans l'âme de Pauline! Elle avait un oeil baissé à cause de la perte de son époux; un autre levé dans la joie de voir l'oracle accompli. Elle soulève de terre la princesse et elle la serre dans ses bras, comme si elle eût voulu l'attacher à son coeur, de façon à ne plus avoir à craindre de la perdre.

PREMIER GENTILHOMME.—La grandeur de cette scène méritait des rois et des princes pour spectateurs, puisqu'elle avait des rois pour acteurs.

TROISIÈME GENTILHOMME.—Mais un des plus touchants incidents, et qui a pêché dans mes yeux (pour y prendre de l'eau et non du poisson), c'était un récit de la mort de la reine, avec les détails de la manière dont elle est arrivée (confessés avec courage et pleures par le roi); c'était de voir l'attention de sa fille, et la douleur qui la pénétrait, jusqu'à ce que d'un signe de douleur à l'autre, elle a poussé un *hélas*! et, je pourrais bien le dire, saigné des larmes; car je suis sûr que mon coeur a pleuré du sang. Alors le spectateur qui était le plus froid comme marbre, a changé de couleur; quelques-uns se sont évanouis, tous s'attristaient; et, si l'univers entier avait assisté à cette scène, la douleur eût été universelle.

PREMIER GENTILHOMME.—Sont-ils revenus à la cour?

TROISIÈME GENTILHOMME.—Non. La princesse a entendu parler de la statue de sa mère, qui est entre les mains de Pauline; morceau qui a coûté plusieurs années de travail, et récemment achevé par ce célèbre maître italien, Jules Romain[23]. S'il possédait lui-même l'éternité, et qu'il pût de son souffle la communiquer à son ouvrage, il priverait la nature de son ouvrage, tant il l'imite parfaitement. Il a fait Hermione si ressemblante à Hermione, qu'on dit qu'on lui adresserait la parole, et qu'on attendrait sa réponse: c'est là qu'ils sont tous allés avec l'ardeur de l'affection, et ils se proposent d'y souper.

Note 23: (retour)

Jules Romain vécut précisément le même nombre d'années que Shakspeare, qui naquit dix-huit ans après sa mort. Le poëte commet ici un anachronisme volontaire pour louer le peintre. Mais comment songer à Jules Romain, lorsqu'il s'agit ici d'une statue? Il faut se rappeler que les statues étaient autrefois enluminées.

SECOND GENTILHOMME.—Je m'étais toujours imaginé qu'elle avait là quelque grande affaire en main, car, depuis la mort d'Hermione, elle ne manquait jamais d'aller deux ou trois fois par jour visiter cette maison écartée. Irons-nous les y trouver et nous associer à la joie commune?

PREMIER GENTILHOMME.—Et quel est celui qui, jouissant de la faveur d'y être admis, voudrait s'en priver? A chaque clin d'oeil, nouvelle découverte et nouveau plaisir. Notre absence nous fait perdre des connaissances précieuses. Partons[24].

(Ils sortent.)

Note 24: (retour)

On voit que Shakspeare était ici pressé de terminer; la scène aurait été complète, si ce qui se passe en récit avait été mis en action. *Segniùs irritant animos demissa per aurem, etc.*

AUTOLYCUS.—C'est maintenant, si je n'avais pas contre moi les torts de mon ancienne conduite, que les honneurs pleuvraient sur ma tête! C'est moi qui ai conduit le vieillard et son fils à bord du navire du prince, qui lui ai dit que je leur avais entendu parler d'un paquet et de je ne savais pas quoi, mais il était alors enivré de son amour pour la fille du berger (comme il la croyait alors), qui commençait à avoir cruellement le mal de mer; et lui-même ne se sentait guère mieux par la tempête qui continuait toujours; ce mystère est ainsi demeuré sans être découvert. Mais cela m'est égal; car quand j'aurais trouvé ce secret, il ne m'aurait pas été d'un grand avantage, au milieu des autres raisons qui me discréditent. *(Entrent le berger et son fils.)* Voici ceux à qui j'ai fait du bien, contre mon intention, et qui paraissent déjà dans la fleur de leur fortune.

LE BERGER.—Viens, mon garçon: j'ai passé l'âge d'avoir des enfants, mais tes fils et tes filles naîtront tous gentilshommes.

LE FILS, *à Autolycus.*—Je suis bien aise de vous rencontrer, monsieur. Vous avez refusé de tous battre avec moi l'autre jour, parce que je n'étais pas né gentilhomme: voyez-vous ces habits? Dites que vous ne les voyez pas, et croyez encore que je ne suis pas né gentilhomme. Vous feriez bien mieux de dire que ces vêtements ne sont pas nés gentilshommes. Osez me donner un démenti, et essayez si je ne suis pas à présent né gentilhomme.

AUTOLYCUS.—Je sais que vous êtes actuellement, monsieur, un gentilhomme né.

LE FILS.—Oui, et c'est ce que je suis depuis quatre heures.

LE BERGER.—Et moi aussi, mon garçon.

LE FILS.—Et vous aussi.—Mais j'étais né gentilhomme avant mon père, car le fils du roi m'a pris par la main et m'a appelé son frère; et ensuite les deux rois ont appelé mon père leur frère; et ensuite le prince mon frère et la princesse ma soeur ont appelé mon père, leur père, et nous nous sommes mis à pleurer; et ce sont les premières larmes de gentilhomme que nous ayons jamais versées.

LE BERGER.—Nous pouvons vivre, mon fils, assez pour en verser bien davantage.

LE FILS.—Sans doute, ou il y aurait bien du malheur, étant devenus nobles un peu tard.

AUTOLYCUS.—Je vous conjure, monsieur, de me pardonner toutes les fautes que j'ai commises contre Votre Seigneurie, et de vouloir bien m'appuyer de votre favorable recommandation auprès du prince mon maître.

LE BERGER.—Je t'en prie, fais-le, mon fils; car nous devons être obligeants, à présent que nous sommes gentilshommes.

LE FILS.—Tu amenderas ta vie?

AUTOLYCUS.—Oui, si c'est le bon plaisir de Votre Seigneurie.

LE FILS.—Donne-moi ta main: je jurerai au prince que tu es un aussi honnête et brave homme qu'on en puisse trouver en Bohême.

LE BERGER.—Tu peux le dire, mais non pas le jurer.

LE FILS.—Ne pas le jurer, à présent que je suis gentilhomme? Que les paysans et les franklins[25] le *disent*, moi, je le *jurerai*.

Note 25: (retour)

Propriétaire libre.

LE BERGER.—Et si cela est faux, mon fils?

LE FILS.—Quelque faux que cela puisse être, un gentilhomme peut le jurer en faveur de son ami.—Oui, et je jurerai au prince que tu es un robuste garçon pour ta taille et que tu ne t'enivreras point; mais je sais que tu n'es pas un robuste garçon pour ta taille et que tu t'enivreras; je le jurerai tout de même; et je voudrais que tu fusses un robuste garçon pour ta taille.

AUTOLYCUS.—Je me montrerai tel, monsieur, tant que je pourrai.

LE FILS.—Oui, montre-toi au moins un garçon robuste, si je ne suis pas étonné comment tu oses t'aventurer à t'enivrer, n'étant pas un garçon robuste, ne fais pas état de ma parole.—Écoute: les rois et les princes nos parents sont allés voir le portrait de la reine; viens, suis-nous, nous serons tes bons maîtres.

(Ils sortent.)

SCÈNE III

Appartement dans la maison de Pauline.

Entrent LÉONTES, POLIXÈNE, FLORIZEL, PERDITA, CAMILLO, PAULINE, COURTISANS *et suite.*

LÉONTES.—O sage et bonne Pauline! quelles grandes consolations j'ai reçues de vous!

PAULINE.—Mon souverain, ce qui n'a pas bien réussi, je le faisais dans de bonnes intentions. Quant à mes services, vous me les avez bien payés; l'honneur que vous m'avez fait de daigner visiter mon humble demeure avec votre frère couronné, et ce couple fiancé d'héritiers de vos royaumes, c'est de votre part un surcroît de bienfaits que ma vie ne pourra jamais assez reconnaître.

LÉONTES.—Ah! Pauline, c'est un honneur plein d'embarras. Mais nous sommes venus pour voir la statue de notre reine; nous avons traversé votre galerie en regardant avec plaisir toutes les curiosités qu'elle présente; mais nous n'avons pas vu celle que ma fille est venue y chercher, la statue de sa mère.

PAULINE.—Comme de son vivant elle n'eut point d'égale, je suis persuadée aussi que sa ressemblance inanimée surpasse tout ce que vous avez jamais vu, et tout ce qu'a fait la main de l'homme. Voilà pourquoi je la tiens seule et à part. Mais la voici: préparez-vous à voir la vie aussi parfaitement imitée, que le sommeil imite la mort. Regardez, et avouez que c'est beau. (*Pauline tire un rideau et découvre une statue.*) J'aime votre silence, il prouve mieux votre admiration. Mais parlez pourtant, et vous le premier, mon souverain, dites, n'approche-t-elle pas un peu de l'original?

LÉONTES.—C'est son attitude naturelle! Cher marbre, fais-moi des reproches, afin que je puisse dire: oui, tu es Hermione:—ou plutôt, c'est bien mieux toi encore dans ton silence; car elle était aussi tendre que l'enfance et les grâces.—Mais cependant, Pauline, Hermione n'était pas si ridée; elle n'était pas aussi âgée que cette statue la représente.

POLIXÈNE.—Oh! non, de beaucoup.

PAULINE.—C'est ce qui prouve encore plus l'excellence de l'art du statuaire, qui laisse écouler seize années, et la représente telle qu'elle serait aujourd'hui si elle vivait.

LÉONTES.—Comme elle aurait pu vivre pour me procurer des consolations aussi vives que la douleur dont elle me perce l'âme aujourd'hui. Oh! voilà son maintien et son air majestueux (plein de vie alors, comme il est là glacé) la première fois que je lui parlai d'amour! Je suis honteux: ce marbre ne me reprend-il pas d'avoir été plus dur que lui? —O noble chef-d'oeuvre! il y a dans ta majesté une magie, qui évoque dans ma mémoire tous mes torts, et qui a privé de ses sens ta fille, dont l'admiration fait une seconde statue.

PERDITA.—Et permettez-moi, sans dire que c'est une superstition, de tomber à ses genoux et d'implorer sa bénédiction.—Madame, chère reine, qui finîtes lorsque je ne faisais que de commencer, donnez-moi cette main à baiser.

PAULINE.—Oh! arrêtez! la statue n'est posée que tout nouvellement; les couleurs ne sont pas sèches.

CAMILLO.—Seigneur, vous n'avez que trop cruellement ressenti le chagrin que seize hivers n'ont pu dissiper, qu'autant d'étés n'ont pu tarir; à peine est-il de bonheur qui ait duré aussi longtemps; il n'est point de chagrin qui ne se soit détruit lui-même beaucoup plus tôt.

POLIXÈNE, *au roi.*—Chère frère, permettez que celui qui a été la cause de tout ceci, ait le pouvoir de vous ôter autant de chagrin qu'il en peut prendre lui-même pour sa part.

PAULINE.—En vérité, seigneur, si j'avais pu prévoir que la vue de ma pauvre statue vous eût fait tant d'impression (car ce marbre est à moi), je ne vous l'aurais pas montrée.

(Elle va pour fermer le rideau.)

LÉONTES.—Ne tirez point le rideau.

PAULINE.—Vous ne la contemplerez pas plus longtemps: peut-être votre imagination en viendrait-elle à penser qu'elle se remue.

LÉONTES.—Je voudrais être mort, si ce n'est qu'il me semble que déjà... Quel est cet homme qui l'a faite? Voyez, seigneur, ne croiriez-vous pas qu'elle respire, et que le sang circule en effet dans ses veines?

POLIXÈNE.—C'est le chef-d'oeuvre d'un maître: la vie même semble animer ses lèvres.

LÉONTES.—Son oeil, quoique fixe, semble animé, tant est grande l'illusion de l'art!

PAULINE.—Je vais fermer le rideau: mon seigneur est déjà si transporté qu'il va croire tout à l'heure qu'elle est vivante.

LÉONTES.—O ma chère Pauline! faites-le-moi croire pendant vingt années de suite; il n'est point de raison sage dans ce monde qui puisse égaler le plaisir de ce délire. Laissez-moi la voir.

PAULINE.—Je suis bien fâchée, seigneur, de vous avoir causé tant d'émotion; mais je pourrais vous affliger encore davantage.

LÉONTES.—Faites-le, Pauline; car cette tristesse a autant de douceur que les plus grandes consolations.—Eh quoi! il me semble qu'il sort de sa bouche un souffle: quel habile ciseau a donc pu sculpter l'haleine! Que personne ne rie; mais je veux l'embrasser.

PAULINE.—Mon cher seigneur, arrêtez. Le vermillon de ses lèvres est encore humide; vous le gâteriez, si vous l'embrassiez, et vous souilleriez les vôtres de l'huile de la peinture. Fermerai-je le rideau?

LÉONTES.—Non, non, pas de vingt ans.

PERDITA.—Je pourrais rester tout ce temps à la contempler.

PAULINE.—Ou arrêtez-vous là et quittez cette chapelle, ou préparez-vous à un plus grand étonnement. Si vous pouvez en soutenir la vue, je vais faire mouvoir véritablement la statue, la faire descendre et venir vous prendre la main; mais alors vous croiriez, et cependant je proteste qu'il n'en est rien, que je suis aidée des esprits du mal.

LÉONTES.—Tout ce qu'il est en votre pouvoir de lui faire faire, je serai satisfait de le voir; tout ce qu'il est en votre pouvoir de lui faire dire, je serai satisfait de l'entendre; car il est aussi aisé de la faire parler que de la faire mouvoir.

PAULINE.—Il faut que vous réveilliez toute votre foi. Allons, demeurez tous immobiles, ou que ceux qui croiront que j'accomplis quelque oeuvre illicite se retirent.

LÉONTES.—Commencez; personne ne bougera d'un pas.

PAULINE, *à des musiciens.*—Musique, éveillez-la. Commencez,—il est temps; descends, cesse d'être une pierre; approche et frappe d'étonnement tous ceux qui te regardent. Allons, je vais fermer ta tombe; remue, descends, rends à la mort ce silence obstiné; car la vie chérie te rachète de ses bras.—Vous le voyez, elle se remue.(*Hermione descend.*) Ne tressaillez point; ses actions seront saintes comme l'enchantement que vous tenez pour légitime; ne l'évitez point que vous ne la revoyiez mourir une seconde fois; car vous lui donneriez deux fois la mort.—Allons, présentez-lui votre main: lorsqu'elle était jeune, c'était vous qui lui faisiez la cour; à présent qu'elle est plus âgée, c'est elle qui vous prévient.

LÉONTES, *en l'embrassant.*—Oh! sa main est chaude! Si ceci est de la magie, que ce soit un art aussi légitime que de manger.

POLIXÈNE.—Elle l'embrasse!

CAMILLO.—Elle se suspend à son cou! Si elle appartient à la vie, qu'elle parle donc aussi!

POLIXÈNE.—Oui, et qu'elle nous révèle où elle a vécu, ou comment elle s'est échappée du milieu des morts?

PAULINE.—Si l'on n'eût fait que vous dire qu'elle était vivante, vous auriez bafoué cette idée comme un vieux conte: mais vous voyez qu'elle vit, quoiqu'elle ne parle pas encore. Faites attention un petit moment.—

(*A Perdita.*) Voudriez-vous, belle princesse, vous jeter entre elle et le roi? tombez à ses genoux, et demandez la bénédiction de votre mère. (*A Hermione.*) Tournez-vous de ce côté, chère reine, notre Perdita est retrouvée.

(Elle lui présente Perdita, qui s'agenouille aux pieds d'Hermione.)

HERMIONE, *prenant la parole.*—O vous, dieux! abaissez ici vos regards, et de vos urnes sacrées versez toutes vos grâces sur la tête de ma fille! (*A sa fille.*) Dis-moi, ma fille, où tu as été conservée? Où tu as vécu? Comment as-tu retrouvé la cour de ton père? Car, sachant par Pauline que l'oracle avait donné l'espérance que tu étais en vie, je me suis conservée pour en voir l'accomplissement.

PAULINE.—Il y aura assez de temps pour cela.—De crainte que les spectateurs, excités par cet exemple, n'aient l'envie de troubler votre joie par de pareilles relations,—allez ensemble, vous tous qui retrouvez en ce moment quelque bonheur: et communiquez à chacun votre allégresse: moi, tourterelle vieillie, je vais me reposer sur quelque rameau flétri, et là pleurer mon compagnon, que jamais je ne retrouverai qu'en mourant moi-même.

LÉONTES.—Ah! calmez-vous, Pauline: vous devriez prendre un époux sur mon consentement, comme je prends moi une épouse sur le vôtre: c'est un pacte fait entre nous, et confirmé par nos serments. Vous avez trouvé mon épouse, mais comment? C'est là la question: car je l'ai vue morte, à ce que j'ai cru: et j'ai fait en vain plus d'une prière sur son tombeau. Je n'irai pas chercher bien loin (car je connais en partie ses sentiments) pour vous trouver un honorable époux.—Avancez, Camillo, et prenez-la par la main; son mérite et sa vertu sont bien connus, et attestés encore ici par le témoignage de deux rois.—Quittons ces lieux.—Quoi? (*A Hermione.*) Regardez mon frère! Ah! pardonnez-moi tous deux, de ce que j'ai pu jamais me placer par mes soupçons entre vos chastes regards. (*A Hermione.*) Voici votre gendre, le fils du roi, qui, grâce au ciel, a engagé sa foi à votre fille.—Chère Pauline, conduisez-nous dans un lieu où nous puissions à loisir nous questionner mutuellement et répondre sur le rôle que chacun de nous a joué dans ce long intervalle de temps depuis l'instant où nous avons été séparés les uns des autres: hâtez-vous de nous conduire.

(Tous sortent.)

FIN DU CINQUIÈME ET DERNIER ACTE.

15806715R00060

Printed in Great Britain
by Amazon